Georg von Eucken-Addenhausen: Erlebnisse und Erfahrungen

Für die Meinigen gesammelt, geschrieben zur Konfirmation meiner lieben Tochter Almuth[1], im Feldzuge, Ostern 1916, im Sielhofe weiter fortgesetzt und verbessert

Herausgegeben von Heiko Suhr

Vorbemerkungen des Herausgebers

Der Hauptteil dieser Veröffentlichung beinhaltet die Memoiren von Georg von Eucken-Addenhausen, die im Niedersächsischen Landesarchiv – Abteilung Aurich im Familiennachlass derer von Eucken lagern. Die als Anlage beigefügten ungewöhnlich umfangreichen und offenherzigen Briefe Euckens von der Front des Ersten Weltkrieges befindet sich ebenso dort.[2]

Die Transkription richtet sich in den Grundzügen an dem schon 1929 von Johannes Schultze (1881–1976) vorgeschlagenen Regelwerk zur Edition neuzeitlicher Quellentexte, das eigentlich nur eine

---

1 Almuth von Eucken-Addenhausen (19.04.1899–02.03.1979), geboren in Eisenach, verheiratet mit Jan Cramer Behnsen (28.03.1886–27.12.1961), gestorben in Leer; vgl. Privatarchiv Georg von Eucken, Ahnentafel.

2 Niedersächsisches Landesarchiv – Abteilung Aurich (im Folgenden: NLA AU), Dep. 39, Nr. 134: Erlebnisse und Erfahrungen bzw. NLA AU, Dep. 39, Nr. 42: Kriegsbriefe. Ich danke Dr. Michael Hermann für die Erlaubnis, die beiden Quellentexte als Edition und einige Abbildungen veröffentlichen zu dürfen. Eine unvollständige Fassung der Erinnerungen findet sich außerdem in NLA AU, Dep. 39, Nr. 133. Dr. Paul Weßels (Landschaftsbibliothek Aurich) danke ich für die Veröffentlichungsgenehmigung einiger Fotografien.

beschränkte Gültigkeit für einige Institute haben sollte, aber bald eine nicht intendierte Breitenwirkung erlangte und vom Autor daher 1959 grundlegend erweitert wurde.[3] Diese Richtlinien wurden mehrfach an technische Möglichkeiten, an weitere Quellengattungen und an sich ändernde Erwartungshaltungen angepasst – z.B. die Empfehlungen zur Edition frühneuzeitlicher Texte vom Arbeitskreis „Editionsprobleme der Frühen Neuzeit“[4] – und dabei im Grunde von Vorschriften auf Hinweise herabgestuft, die pointiert von Burkhard Beyer zusammengefasst wurden und auf dessen Ratschlägen diese Abschrift letztlich fußt.[5]

Die Originalquelle wurde buchstabengetreu transkribiert und vorsichtig an die heute übliche Rechtschreibung angepasst. Auch die Interpunktion folgt weitgehend dem Original und wurde nur gelegentlich zur besseren Lesbarkeit ergänzt. Abkürzungen wurden aufgelöst, nicht eindeutig lesbare Textstellen mit [?] sowie Auslassungen mit [?] gekennzeichnet. Auf eine umfangreiche Annotation wurde aus Platzgründen verzichtet. Auf wichtige Personen und unverständliche Sachverhalte wird dennoch in Fußnoten verwiesen.

---

3 Johannes Schultze, Richtlinien für die äußere Textgestaltung bei Herausgabe von Quellen zur neueren deutschen Geschichte, in: Blätter für deutsche Landesgeschichte 98, 1962, S. 1–11 und 102, 1966, S. 1–10.

4 Vgl. https://www.heimatforschung-regensburg.de/280/1/E-Forum_AHF-Empfehlungen.pdf (zuletzt abgerufen am 27.06.2022).

5 Burkhard Beyer, Praktische Tipps für die Edition landesgeschichtlicher Quellen, Münster 2018.

Biografische Einleitung

Georg Eucken (um 1900)

Quelle: Stadtarchiv Eisenach

Die kurze biografische Einleitung gibt sehr gestrafft die Inhalte des Aufsatzes wieder, den der Verfasser 2021 im Emder Jahrbuch veröffentlicht hat.[6]

Georg Udo Victor Eucken-Addenhausen wurde am 29. Juli 1855 in Aurich geboren und im September desselben Jahres in der evangelischen Kirche in Hinte getauft. Taufpate war u.a. Georg V. von Hannover, der dem Täufling das Tragen des Namenszusatzes Addenhausen – die Bezeichnung des Wohnplatzes der Familie – gestattete. Ostern 1874 legte Georg Eucken am Königlichen Gymnasium in Aurich seine Reifeprüfung ab und begann dann ein rechtswissenschaftliches Studium in Marburg und in München. Zum Sommersemester 1875 wechselte er danach an die Eberhard-Karls-Universität in Tübingen, wo er vorübergehend auch Mitglied der schlagenden Verbindung „Korps Borussia" gewesen ist. Bis zum Wintersemester 1876/1877 war Eucken an der Kaiser-Wilhelms-Universität in Straßburg eingeschrieben. Hier trat er außerdem seinen Militärdienst als Einjährig-Freiwilliger beim Feldartillerie-Regiment 15 an und wurde knapp ein Jahr später als Unteroffizier befördert sowie zur Reserve entlassen.

Sein juristisches Referendariat begann Eucken im Mai 1877 beim Amtsgericht Aurich, nachdem er die erste juristische Staatsprüfung beim königlichen Appellationsgericht in Celle bestanden hatte. Über die Amtsgerichte Isernhagen und Göttingen kam er ab Januar 1879

---

[6] Heiko Suhr, Georg von Eucken-Addenhausen (1855–1942). Ein Monarchist zwischen Berliner Schloss und Neuharlingersiel, in: Emder Jahrbuch für historische Landeskunde Ostfrieslands 101, 2021, S. 51–109.

nach Wiesbaden, wo er wiederum als Referendar tätig war. Parallel reichte er von Wiesbaden aus im Februar 1879 auch seine 42-seitige rechtshistorische Dissertation beim Dekan der Universität Jena ein. Am 3. März 1879 wurde Georg Eucken von der dortigen juristischen Fakultät zum Doktor der Rechtswissenschaften promoviert.

Seine juristische Ausbildung setzte Georg Eucken ab August 1879 bei der Landdrostei Hannover fort. Dort lernte er auch seine spätere Ehefrau Mathilde Oppermann kennen. Die nächsten Ausbildungsschritte absolvierte Eucken beim Landratsamt Linden und bei der Regierung des Bezirks Merseburg. Dort muss er sich zu einem außergewöhnlichen Schritt entschieden und sich noch vor Ende seines Referendariats und vor der zweiten Staatsprüfung um die ausgeschriebene Stelle des Bürgermeisters in Jena beworben haben.

Georg Eucken und seine Ehefrau Mathilde (um 1890)

Quelle: NLA AU, Dep. 39, Nr. 27

Georg Eucken wurde zum 1. März 1881 mit 26 Jahren zum Bürgermeister in Jena gewählt. Sein jugendliches Lebensalter hat u.a. auch Einzug erhalten in den berüchtigten ostfriesischen Humor. Demnach habe Eucken – wie es Sitte war – nach seiner Wahl zum Bürgermeister den Landesherrn Großherzog Karl Alexander von Sachsen-Weimar-Eisenach kennenlernen dürfen. Dieser habe aber beim ersten Ansehen seinem Hofmarschall gegenüber angemerkt, er wolle keinen „Primaner", sondern den Bürgermeister von Jena empfangen. Eucken habe sich nach diesem peinlichen Erlebnis umgehend einen Bart wachsen lassen.[7]

Nach gut dreijähriger Amtszeit konnte er das juristische Referendariat beenden. Mit dem Bestehen der zweiten juristischen Staatsprüfung im Mai 1884 und der damit verbundenen Ernennung zum Gerichtsassessor ebnete Eucken sich den weiteren Weg des Verwaltungsbeamten und verließ etwa ein weiteres Jahr später im März 1885 nach knapp vier Jahren Jena, da er schon Ende 1884 zum Oberbürgermeister von Eisenach gewählt worden war. Mit noch nicht einmal vierzig Jahren stieg Georg Eucken 1893 sogar zum Großherzoglichen Bezirksdirektor in Eisenach auf. Diese Stellung zwischen Landrat und Regierungspräsident war richtungsweisend für Euckens spätere Biografie. Er war mit Fragen rund um die strukturellen Probleme der Landbevölkerung und um die Volksbildung befasst und

---

7 Johann Haddinga (Bearb.), Das Buch vom ostfriesischen Humor, Bd. IV, Leer 2007, S. 135–136. Ich danke André Freimuth für den Hinweis.

hat hier wichtige Grundlagen für seine spätere Tätigkeit in Ostfriesland auf ähnlichem Gebiet gelegt.

Trotz seiner jungen Lebensjahre galt Eucken auch weit über Eisenach hinaus bald als äußerst rigoros eingestellter Verwaltungsleiter. Seine bei allem technokratischen Modernisierungswillen dennoch konservative Grundhaltung wurde mehr und mehr zum Problem, gerade vor dem Hintergrund der 1869 in Eisenach gegründeten und zunehmend öffentlich in Erscheinung tretenden Sozialdemokratischen Arbeiterpartei. Im Sommer 1896 wurde öffentlich und hitzig debattiert, ob er als Kultusminister im großherzoglichen Staatsministerium geeignet sei. Auch aufgrund der überwiegend negativen Reaktionen der Presse scheiterte diese Ernennung aber.

Georg Eucken suchte nun Verbindungen zur Politik, um seine ehrgeizigen Laufbahnplanungen voranzutreiben. Da er gerade erst zum Bezirksdirektor aufgestiegen war, ist zu vermuten, dass er mit parteipolitischer Unterstützung und nicht als auf sich allein gestellter, gegen große Widerstände agierender Kommunalreformer – zu dem er sich oft stilisierte – eher an eigenständige Gestaltungsmöglichkeiten glaubte. Eucken wurde jedenfalls Ende 1894 in den Landtag von Sachsen-Weimar-Eisenach gewählt. Ab der folgenden Wahlperiode und bis mindestens 1903 fungierte Eucken zudem als zweiter Vizepräsident.

Georg Eucken hat sich in seiner 21-jährigen Dienstzeit innerhalb der thüringischen Verwaltung zu einem Menschen mit ausgeprägten

Charakterzügen, politischen Überzeugungen und einer deutlich hervortretenden Geisteshaltung entwickelt. Hervorzuheben sind vor allem seine rigide konservative Grundhaltung und der strikt autoritäre Führungsstil. Ein angenehmer Vorgesetzter kann er nicht gewesen sein. Wenn auch seine Leistungen anerkannt wurden, wird in fast allen Zeugnissen deutlich, wie wenig man ihn menschlich schätzte und wie gering seine Akzeptanz bei seinen Untergebenen war.

Aus Thüringen wechselte Georg Eucken nach Berlin und wurde dort im Juni 1902 als Geheimer Regierungsrat und Vortragender Rat im Reichsministerium des Inneren eingestellt und im Juni 1905 zum Geheimen Oberregierungsrat befördert. Seine Tätigkeit als Referent erstreckte sich auf die Krankenversicherungen, Hilfskassen, Knappschaftskassen und auf das Privatversicherungsamt sowie die Kaiser-Wilhelm-Spende. Neben Reisen in die Schweiz und nach Frankreich ist vor allem seine Teilnahme am vierten internationalen Versicherungskongress 1903 in New York von Bedeutung.

Eucken fungierte in Berlin bald auch noch als Referent der Reichsregierung für das Seewesen und nahm in dieser Funktion schon Anfang 1905 in Travemünde an der Tagung des „Deutschen Schulschiff-Vereins“ teil, dessen Vorsitzender der Großherzog von Oldenburg war.

Vermutlich hat Eucken in Travemünde den Großherzog von Oldenburg persönlich kennengelernt, jedenfalls erlag er dessen Werben im Sinne ostfriesisch-oldenburgischer Verbundenheit und ließ sich überreden, zu Anfang September 1905 den vakanten Posten als Bundesratsbevollmächtiger von Oldenburg zu übernehmen. 1906 lud Eucken den Großherzog nach Neuharlingersiel ein und wurde wohl anlässlich dieser Zusammenkunft darüber informiert, dass er in den erblichen Adelsstand erhoben werden sollte. Die korrekte Anrede lautete nun Exzellenz Dr. Georg von Eucken-Addenhausen. Die neue Tätigkeit brachte den mit territorialem Hofzeremoniell vertrauten Eucken aber auch den Zugang zu einem neuen Milieu. So war er zur Antrittsaudienz bei Wilhelm II. geladen. Er konnte mit seinem neuen Status als Gesandter sogar jederzeit um eine Audienz beim Kaiser bitten und nahm 1911 als Vertreter Oldenburgs an der Krönungszeremonie des britischen Monarchen Georg V. Teil.

Georg Eucken (zweiter von rechts) an der Westfront (Oktober 1914)

Quelle: NLA AU, Dep. 39, Nr. 42

Bald nach Beginn des Ersten Weltkrieges erfolgte Euckens Einberufung zur Ersatzabteilung des I. Garde-Feldartillerie-Regiments nach Berlin, wo er zum Kommandeur von neun Rekruten-Batterien mit fast zweihundert Soldaten ernannt wurde. Am 23. August 1914 wurde Eucken an die Westfront verlegt, wo er in Belgien eine Munitionskolonnen-Abteilung befehligte. Im Sommer 1916 quittierte Georg von Eucken auf Wunsch des Großherzogs von Oldenburg den Militärdienst und hat sich in den folgenden Jahren wieder intensiv mit der Sozialgesetzgebung auseinandergesetzt. Die drohende Kriegsniederlage wurde Eucken während einer Fahrt des Bundesrats ins Baltikum vor Augen geführt.

Kriegsende und Revolution erlebte er in Berlin. Im November 1918 wurde Eucken auch in die Abreise der kaiserlichen Familie aus Potsdam hineingezogen. Er erhielt am 10. November 1918 einen Brief von Prinzessin Sophie Charlotte, der Ehefrau des zweiten Sohns von Kaiser Wilhelm II. und Tochter des Oldenburgischen Großherzogs. Darin teilte die Prinzessin mit, die gesamte kaiserliche Familie werde von Spartakisten im Neuen Palais in Potsdam gefangen gehalten. Eucken sollte die abgeschottete kaiserliche Entourage über die aktuelle Lage im Reich informieren. In dieser Situation bat Eucken um Entlassung in den Ruhestand, die ihm zum 1. Januar 1919 gewährt wurde. Aber auch nach seiner offiziellen Entlassung aus dem Oldenburgischen Staatsdienst versuchte Eucken in der Weimarer Nationalversammlung seine an die politischen Ideen Bismarcks anschließenden Föderalismusvorstellungen weiter zu vertreten.

Wenn man Georg von Eucken-Addenhausen zum Zeitpunkt seines Ausscheidens aus dem Staatsdienst mit drei Worten zutreffend beschreiben will, muss man ihn als Monarchist, Föderalist und Militarist bezeichnen. Alle drei Begriffe spiegeln wider, wie Eucken sozialisiert wurde und nach welchem Maßstab er Entscheidungen traf. Eucken war von Geburt an eng mit monarchistischen Tendenzen verbunden. Seine Erhebung in den oldenburgischen bzw. dann in den preußischen Adelsstand wird dies noch bestärkt haben. Dass dieser Monarchismus auch nach Kriegsende und Revolution fortbestand, darf als fast typisches Kennzeichen seines Standes ohne Frage vorausgesetzt werden. Für Eucken war ein Föderalismus prägend, der durch radikal antiparlamentarische und antisozialdemokratische Elemente bestimmt wurde. Die wohl größte Konstante in Denken und Handeln von Georg von Eucken war aber ein stark ausgeprägter Militarismus, den er idealtypisch mit zentralistischer und autoritärer Führung verbunden hat. Er war also, wie viele andere konservative Eliten seiner Generation auch, vor allem von Bismarck in seinem spezifischen Weltbild zwischen Monarchismus und Militarismus beeinflusst worden und hat dieses Weltbild auch in einer völlig neuen Lebenswelt weiterhin vertreten und verbreitet.

Nach seiner Entlassung aus dem Oldenburgischen Staatsdienst und der kurzen Zeit in Weimar zog sich Georg von Eucken-Addenhausen zunächst auf seinen Sielhof in Neuharlingersiel zurück. Der Sielhof – eine Art kleines Schloss – wurde im Barockstil des 18. Jahrhunderts erbaut und ist bis heute für das Ortsbild prägend geblieben. Der hintere Teil mit dem auffälligen Turm stammt aus dem Jahr 1755, wohingegen der östliche Flügel erst 1899 errichtet wurde. Im Zuge dessen ließ Eucken auch einen Park und eine Kapelle errichten.

Der von Georg von Eucken modernisierte Sielhof in Neuharlingersiel

Quelle: Landschaftsbibliothek Aurich, Bildarchiv, 343 76

Zurück auf dem Sielhof entwickelte Eucken eine vielschichtige und enorm intensive Arbeit. In der unmittelbaren Nachkriegszeit war Eucken zunächst vor allem wirtschaftlich und juristisch aktiv. Er fungierte für diverse Unternehmen als Vorsitzender des Aufsichtsrates. Von Juli 1925 bis Juli 1929 bewirtschaftete Eucken zusammen mit seiner Frau den Karolinenhof in eigener Regie. Vor allem aus dieser Erfahrung resultierte wohl Euckens enorm rege Publikationstätigkeit. So veröffentlichte er u.a. eine 149-teilige Serie von Abhandlungen im „Landwirtschaftlichen Wochenblatt für Ostfriesland", die unter dem Titel „Von Drinnen und Draußen" und unter dem Pseudonym „Der Friesische Volksfreund" zwischen 1927 und 1929 erschien. Weiterhin veröffentlichte Eucken als „Frisio colanus" in den Jahren von 1928 bis 1929 auch in der „Emder Zeitung" diverse Aufsätze zu zeitgeschichtlichen Themen.

In enger Anlehnung an die völkische Konzeption entstand, hervorgegangen aus der Oldenburgischen Bauernhochschule in Jever, wo die ersten beiden Jahrgänge im März 1924 zu Ende gegangen waren, die Ostfriesische Bauernhochschule, die ab 1924 erste Kurse in Aurich anbot. Träger der Schule war von 1925 bis 1934 ein Verein. Georg Eucken stand dem Kuratorium der Schule bis zu seinem Tod als erster Vorsitzender vor, fungierte als Schirmherr, bot selbst Kurse an und stellte ab 1927 auch seinen Sielhof für die praktische Ausbildung zur Verfügung. Im Spannungsfeld zwischen Tradition und Moderne wurde gerade in den Krisenzeiten nach dem Ersten Weltkrieg und in der Not der Weimarer Jahre die Teilhabe an Bildung auch in der ländlichen Bevölkerung ein entscheidender Faktor. Die Bauernhochschulidee als dem völkischen Boden erwachsene Bewegung ist zwar gescheitert, hat aber in signifikantem Maß zur Politisierung der ländlichen Jugend beigetragen und damit eindeutig den Boden für die NS-Ideologie bereitet. Eucken passt genau in dieses ideologische Raster.

Georg von Eucken-Addenhausen wurde dann auf der Ostfriesischen Landrechnungsversammlung im Mai 1932 als Vorsteher der Ostfriesischen Landschaft gewählt und folgte damit auf den im Dezember 1931 verstorbenen Grafen von Wedel. Eucken gehörte dem Landschaftskollegium schon vorher als Präsident der Ritterschaft an.

Die in ihrer Existenz bedrohte Ostfriesische Landschaft konnte in der NS-Zeit durch den von Eucken vorgegebenen Kurs und gegen den politischen Willen in Hannover ihren Fortbestand sicherstellen. Dafür war Eucken bereit, eine Nazifizierung der Strukturen der Ostfriesischen Landschaft nicht nur hinzunehmen, sondern gezielt aktiv und federführend zu fördern. Dass mit diesem strukturellen Wandel auch eine inhaltliche Neuausrichtung mit einem Fokus auf die NS-Kulturpolitik unabdingbar wurde, muss Eucken völlig klar gewesen sein. Diese neue Schwerpunktaufgabe war elementar für die Legitimation der gesamten Ostfriesischen Landschaft. Dass diese nach einer von Eucken konsequent betriebenen Anlehnung an regionale NS-Machtstrukturen nur noch unter NS-Vorzeichen möglich war, war der Preis, den Eucken zahlen musste und zu zahlen bereit war. Georg Eucken verstarb schließlich am 1. Mai 1942.

Georg Eucken mit seiner Mutter (1913)

Quelle: NLA AU, Dep. 39, Nr. 27

Georg von Eucken-Addenhausens grundlegenden und mindestens seit 1918/1919 unverrückbar etablierten Überzeugungen haben sich bis zu seinem Tod nicht mehr verändert. Er blieb ein Alt-Konservativer und typischer Vertreter kaiserlich sozialisierter Eliten. Preußen war für ihn im Gegensatz zu seinen noch eher welfisch orientierten Vorfahren das Idealbild. Bismarck prägte sein Denken und Handeln.

Der Militarismus bildete – auch zu sehen an seinem Wunsch, trotz biblischen Alters 1939 wieder militärisch verwendet zu werden – eine zentrale Konstante. So war er als Einjährig-Freiwilliger sozialisiert worden, so hat er an der Westfront 1915/1916 agiert und so verhielt er sich auch nach Kriegsende.

Neben Militarismus und Reichsföderalismus in Verbund mit Antiparlamentarismus und einer Ablehnung jeder sozialdemokratischen und kommunistischen Tendenz verfestigte sich nach 1918/1919 durch sein Engagement für die Bauernhochschulbewegung vor allem Euckens völkische Überzeugung, die ihn auch an die Ideologie der Nationalsozialisten anschlussfähig machte. Eucken gehörte in den Jahren der Weimarer Republik ideologisch zu den sogenannten Traditionsrechten. Diese nicht unbedingt homogene Gruppe umfasste Nationale, Konservative oder auch Alldeutsche des Wilhelminismus, die durch das aktive Erleben des Ersten Weltkrieges und der Revolution radikalisiert worden waren.

Die NSDAP war vor der Machtübernahme 1933 und auch in der ersten Zeit danach trotz ähnlicher Ziele und ideologischer Schnittmengen – vor allem auf völkischer und kulturpolitischer Ebene – für Eucken kein akzeptabler Partner. Hierfür war vor allem die Unvereinbarkeit des Elitismus der Traditionsrechten mit der rohen Ungeistigkeit der Nationalsozialisten verantwortlich. Vor diesem Hintergrund muss man die ersten sechs Jahre der NS-Herrschaft als Prozess der Verschmelzung der Nationalsozialisten mit den traditionellen Eliten beschreiben.

Die Anpassung der Verfassung der Ostfriesischen Landschaft und letztlich auch und vor allem Euckens Einfluss darauf erscheint als geradezu idealtypisches Beispiel für diesen Verschmelzungsprozess der Traditionseliten mit den Nationalsozialisten. In diesem Rahmen war Eucken einer der wichtigsten Akteure in Ostfriesland. Maßgebend für Eucken – wohl schon durch die christlich orientierte Mutter geebnet – war von Anfang an auch ein extremer Nationalprotestantismus. Für Eucken wurzelte der deutsche Staat in der Reformation Luthers und konstituierte sich vor allem aus dem dauernden Kampf gegen den römischen Katholizismus. Besonders deutlich wird das in seinen beiden 1897 publizierten Schriften.[8] Für Eucken war zeitlebens ein christlicher Fundamentalismus mit einer überaus starken Bindung an ultrarechte Positionen, die dem Nationalsozialismus nahestanden, bestimmend. In seinem konkreten Handeln findet man diese Position in Form eines sozial-christlichen Konservativismus wieder, der in den frühen Weimarer Jahren vor allem gegen Parlamentarismus und sozialdemokratische Strömungen gerichtet war und später – auf der völkischen Schiene am Übergang zum Nationalsozialismus – Leitmotiv seiner Volksbildungskonzepte wurde. Hier fügen sich Euckens wichtige Aktivitäten für die Genossenschaften und die Krankenversiche-

---

[8] Georg Eucken, Volkswirtschaftliche Irrlehren. Ein Mahnruf an das deutsche Volk, Eisenach 1897; ders., Die Raiffeisenschen Spar- und Darlehnskassen-Vereine segensreiche Werkstätten christlicher Nächstenliebe, Neuwied 1897.

rungen, für den Zentralausschuss für Innere Mission und auch für die Landessynode geradezu idealtypisch ein.

Ein ideologisch vollkommen überzeugter Nationalsozialist war Eucken aber nicht und konnte es seiner Sozialisation nach auch gar nicht sein. Er teilte die völkische Ideologie hinsichtlich ihrer kulturellen Implikationen (Bauernhochschulen) und auch hinsichtlich der Blut-und-Boden-Anschauung (Großraumpolitik im friesischen Bereich). Dies verkörperte er als Präsident der Ostfriesischen Landschaft in bisher nicht bekannter Radikalität. Über Euckens mögliche antisemitische Einstellung ist nichts bekannt, sodass nur vermutet werden kann, dass sein Antisemitismus die im Kaiserreich weit verbreitete latente und nicht rassistische Form nicht überstiegen hat. Eucken hatte den polykratischen Charakter des NS-Systems erkannt und versuchte das Nebeneinander der diversen Apparate und das damit verbundene Kompetenzgerangel für seine bzw. die Zwecke der Ostfriesischen Landschaft auszunutzen.

Eucken war daher viel eher ein Staatsdiener alter Schule, dessen Fokus sich im Alter regional eher verengte und daher weniger von Egoismus geleitet sein musste.

Georg von Eucken-Addenhausen war ein ultrarechter und antidemokratischer Angehöriger der alten Eliten. Über drei Systeme, über wichtige Zäsuren und über private Schicksalsschläge hinweg blieb er stets konsequent in seinem Wertehorizont (Monarchismus, Militarismus, Föderalismus) und seinem bis 1918/19 etablierten Weltbild (antiparlamentarisch, antisozialdemokratisch, latent antisemitisch) verhaftet. Er war antikommunistisch und glaubte an die Notwendigkeit starker und zentraler Führung zur Aufrechterhaltung von Recht und Ordnung. Ein konsequent autoritärer Führungsstil machte ihn zu einem wenig geschätzten, einzelgängerischen Vorgesetzten, wohingegen er bei seinen eigenen Vorgesetzten aufgrund stets sehr guter Leistungen durchaus anerkannt war. Eucken bestimmte als Präsident den Kurs der Ostfriesischen Landschaf in hohem Maße aktiv gestaltend und aufgrund seiner Teilidentität mit der NS-Weltanschauung auch aus eigener Überzeugung. Daher war Georg von Eucken-Addenhausen einer der wichtigsten Wegbereiter des Nationalsozialismus in Ostfriesland.

Es folgen nun die Erinnerungen von Georg von Eucken-Addenhausen.

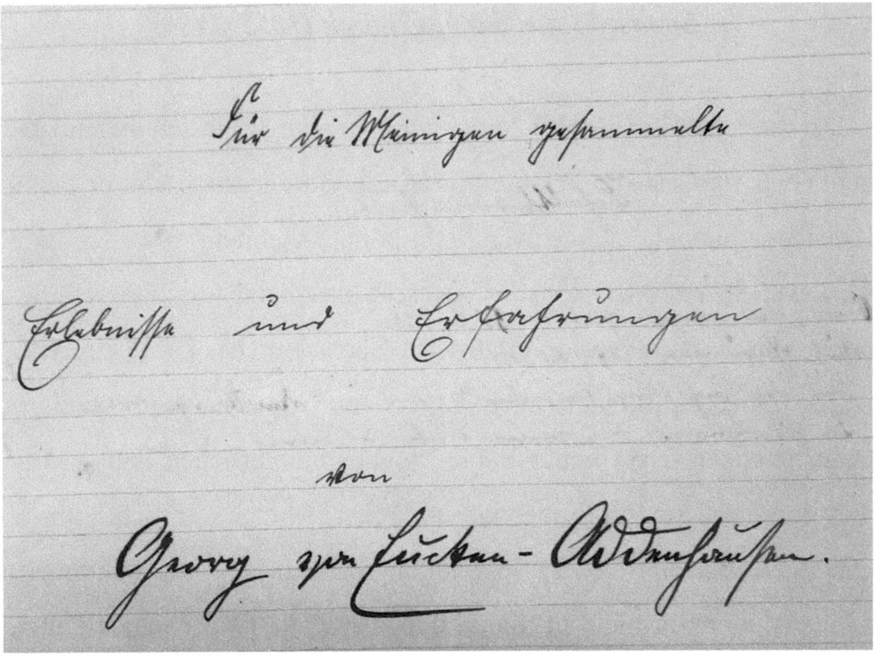
Für die Meinigen gesammelte

Erlebnisse und Erfahrungen

von

Georg von Eucken-Addenhausen.

Das Titelblatt des von Eucken verfassten Manuskripts

Quelle: NLA AU, Dep. 39 Nr. 133

Kapitel 1: Aus der Jugendzeit (1855–1880)

Der stärkste aller Eindrücke, welche aus der frühesten Jugendzeit geblieben sind, ist die Erinnerung an die Güte meiner Mutter[9]. Ihre Liebe war niemals überschwänglich, konnte vielmehr zuweilen herb sein, war aber immer selbstlos. Diese Mutterliebe war ganz Hingebung, ganz Fürsorge, die verkörperte Nächstenliebe. Diese Eigenart wurde immer empfunden, auch dann, wenn wilder Knabensinn elterlicher strenger Zucht widerstrebte. Sogar in äußerlichen Dingen trat dies tiefinnerliche Empfinden hervor. Meine Mutter war nicht hübsch und doch erschien sie der jugendlichen Erinnerung als Schönheit; meine Mutter war nicht groß und doch erschien sie der jugendlichen Erinnerung als ragende [?] Gestalt; meine Mutter besaß kein größeres als das Durchschnittswissen und doch erschien der jugendlichen Erinnerung kein Mensch befähigter, über alle Fragen des Diesseits und Jenseits erschöpfender Auskunft zu geben, als meine Mutter. Dieser Eindruck ist in mir lebendig geblieben aus der früheren Jugendzeit heraus bis in das Menschenalter und noch darüber. Der geheimnisvolle Zauber dieser Mutterliebe lag und liegt darin, dass sie das Kind, den Jüngling, den Mann niemals anders als gerade und aufwärtsführende Wege zeigt, dass die Eigenart nicht stört, sondern veredelnd zu fördern weiß, und dass sie weise Ratschläge nicht erteilt, sondern vorlebte. Das Wirken meiner Mutter auf den ganzen Kreis, den ihre

---

9 Caroline Henriette von Frese (09.10.1831–30.03.1916), geboren in Upgant, heiratete am 10.10.1854 in Hinte Carl Hillrich Eucken, gestorben in Aurich; vgl. Privatarchiv Georg von Eucken, Ahnentafel.

Wirksamkeit umspannt, ist mir immer der schönste Beweis gewesen für die Richtigkeit des Wortes, dass „Worte Zwerge, Beispiele Riesen“ sind.

„Gedenke zu leben“ – cum deo et die[10]. Diesen in der Jünglingszeit geachteten, ernst gemeinten und immer festgehaltenen Wappenspruch verdanke ich es, dass meine geistigen Kräfte, obgleich sie den Durchschnitt nicht überragen, in steter Anspannung geblieben sind, dadurch immer aufs Neue gestärkt wurden und meiner Seele die beglückende Urteilsfreudigkeit verschafft haben, welche der Herr auch allen meinen Nachkommen und deren Gatten und Gattinnen in Gnaden schenken wolle. Bei allem, was dir im Leben begegnet, sei es Erfreuendes, sei es Betrübendes, versuche zunächst Gott zu danken. Ein oft furchtbar hartes, deshalb von vielen vergessenes, aber bei liebevoller Anwendung ein unfehlbar wirkendes Allheilmittel, welches der Vater meiner Mutter, Karl Moritz von Frese (Inhaber des Eisernen Kreuzes 1813), den seinigen auf den Lebensweg mitgegeben hat.

Selbstgebahnte Lebenspfade und gute Kameraden

Die breitausgetretenen Lebenswege haben mich nicht sonderlich gefördert. Weder die Schule noch die Mitschüler, weder die Studienzeit noch die Korpsbrüder oder andere Studenten, weder der Heeresdienst noch die Heeresangehörigen haben bestimmend auf mich gewirkt, wenngleich ich manchen guten Einfluss einzelner Persönlich-

[10] Eucken verwechselt hier wohl zwei Sprichwörter. „Gedenke zu Leben“ müsste man mit Memento vivere übersetzen, cum deo et die wiederum mit „Mit Gott und der Zeit“.

keiten dankbar erkenne. Auch der Beginn der juristischen und Verwaltungslaufbahn änderte daran nichts. Umso freudiger ergriff ich die Gelegenheit, die sich dem damaligen Regierungsreferendar in Merseburg bot, und wurde erster Bürgermeister von Jena, wohin ich die aus reinster Liebe [?] beworbene Braut heimzuführen hoffte.

Bis dahin waren fünf Persönlichkeiten mir sehr nahegetreten, dass sie, nächst meiner Mutter, den Werdegang beeinflusst haben: Mein Vater[11] hat es verstanden, meinen Geschwistern und mir klare Wege durch die Wirrnisse zu zeigen, welche aus Anlass der politischen Ereignisse des Jahres 1866 in die Hannoverschen Familien getragen worden waren. Als das Jahr 1870 die Verwendung aller deutschen Kräfte gegen Frankreich forderte, hat er auf die Anfrage der Heeresverwaltung geantwortet, dass er als Offizier des ehemaligen Königs von Hannover nicht dem Gegner seines Königs dienen könne; aber seine Treue gegen seinen König schließe die Liebe zum Deutschen Vaterland in sich, nur deshalb stellte er seine Kräfte für die Dauer des deutsch-französischen Krieges zur Verfügung. Dies vorbildliche Verhalten hat bewirkt, dass mein Vater weite Kreise, darunter alle die Seinigen, vor der Verbitterung bewahrt hat, die in anderen Hannoverschen Familien damals eingezogen ist.

Die Mutter meines Vaters, Charlotte geb. Reimers, hat auf religiösem Gebiet mich ebenso beeinflusst, wie der Vater auf politischem.

---

[11] Carl Hillrich Eucken (22.07.1825–06.11.1893), geboren in Esens, heiratete am 10.10.1854 in Hinte Caroline Henriette von Frese, gestorben in Aurich; vgl. Privatarchiv Georg von Eucken, Ahnentafel.

Ihr Christentum war so wenig konzipiert, so natürlich, so selbstverständlich, dass für die jugendliche Erinnerung unmerkliche Beeinflussung stattfand, und zwar umso intensiver, weil ein besonders herzliches Einvernehmen mit der Großmutter bestand.

Die Schwester meiner Mutter, Almuth von Frese, war zehn Jahre älter als ich, war mir in der Zeit des Übergangs vom Gymnasium zur Universität – vor, während und nach diesem Übergange – mehr als die Lehrer, Mitschüler und Studenten. Der elterliche Haushalt war damals durch Erkrankung und Badereisen lange Zeit verwaist. Almuth von Frese trat in die Lücke ein und wurde von mir redlich unterstützt. Der geringe Altersunterschied, die gemeinsame Arbeit nach gleichem Ziel und ihr sympathisches Wesen bewirkten, dass sie mir näher war als sogar die Altersgenossen; ihr gegenüber hatte ich zum ersten Mal die Empfindung treuer Kameradschaft.

Hermann Ledebur (später Geheimer Justizrat in Hildesheim) wurde auf folgende Art mein Freund: Wir waren Tischgenossen vom sogenannten Juristentisch in Göttingen, es Assessor und ich Referendar. Es war ein überaus jugendfroher Kreis von etwa zwanzig Personen in annähernd gleichem Lebensalter, die ihre freie Zeit stets gemeinsam zubrachten: gemeinsame Studien, gemeinsame Fahrten und gemeinsamer Verkehr. Während eines vergnügten Abends (wir feierten den Geburtstag von Ledebur) trat er auf mich zu und fragte ob er mich morgen gegen 12 Uhr zu Hause treffen würde. Pünktlich trat er daraufhin bei mir ein und sagte: „Ich brenne, um Ihnen meine

Freundschaft anzubieten. Zwar ist üblich, Brüderschaft in lustiger Gesellschaft und beim Glase Wein zu schließen. Ich aber halte die Freundschaft unter Erwachsenen für eine so ernsthafte, dass ich diesen Weg gewählt habe.“ Hermann Ledebur ist bis ins Mannesalter und darüber hinaus bis zum jetzigen Augenblick unverändert mein nächster [?] Freund geworden.

Christian Oppermann (später mein Schwager) trat, obgleich jünger als ich, durch völlige Übereinstimmung unserer Anschauungen über politische, wirtschaftliche und soziale Zeitfragen mir so nahe, dass darüber sich ein tiefes, niemals getrübtes Freundschaftsverhältnis ergab. „Wen die Götter lieben, den rufen sie zu sich.“ Der nach irdischem Ermessen zu früh Heimgegangene ist mit seinem offenen Wesen, ritterlichen Sinn und frohen Ernst für den Freund unvergleichlich.

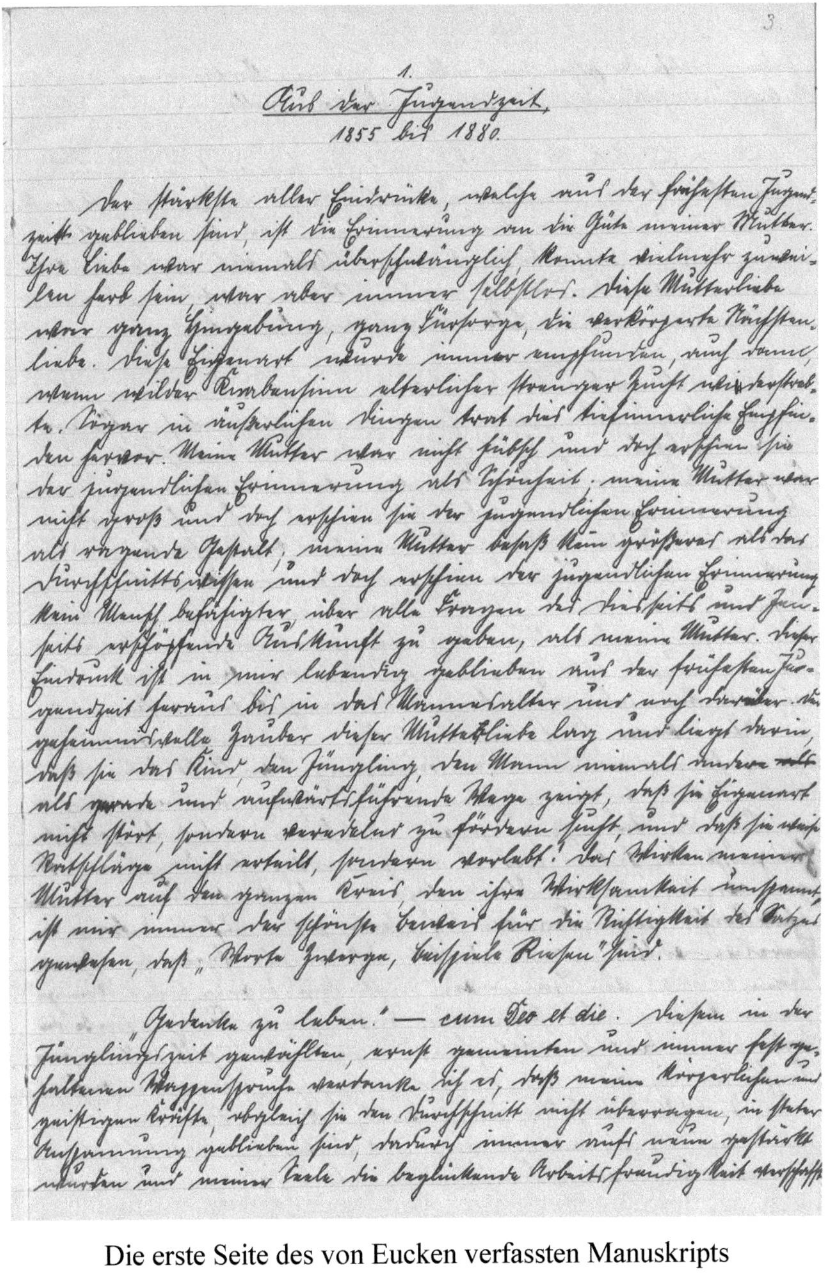

3

1.

Aus der Jugendzeit
1855 bis 1880.

Der stärkste aller Eindrücke, welche aus der frühesten Jugendzeit geblieben sind, ist die Erinnerung an die Güte meiner Mutter. Ihre Liebe war niemals überschwänglich, konnte vielmehr zuweilen hart sein, war aber immer selbstlos. Diese Mutterliebe war ganz Hingebung, ganz Fürsorge, die verkörperte Nächstenliebe. Diese Eigenart wurde immer empfunden, auch dann, wenn wilder Knabensinn elterlicher strenger Zucht widerstrebte. Sogar in äusserlichen Dingen trat das tiefinnerliche Empfinden hervor. Meine Mutter war nicht hübsch und doch erschien sie der jugendlichen Erinnerung als Schönheit. Meine Mutter war nicht groß und doch erschien sie der jugendlichen Erinnerung als ragende Gestalt. Meine Mutter besaß kein größeres als das Durchschnittswissen und doch erschien der jugendlichen Erinnerung kein Mensch befähigter über alle Fragen des Diesseits und Jenseits erschöpfende Auskunft zu geben, als meine Mutter. Dieser Eindruck ist in mir lebendig geblieben aus der frühesten Jugendzeit heraus bis in das Mannesalter und noch darüber. Der geheimnisvolle Zauber dieser Mutterliebe lag und liegt darin, daß sie das Kind den Jüngling den Mann niemals andere als gerade und aufwärtsführende Wege zeigt, daß sie Eigenart nicht stört, sondern verständnisvoll zu fördern sucht, und daß sie ihre Ratschläge nicht erteilt, sondern vorlebt. Das Wirken meiner Mutter auf den ganzen Kreis, den ihre Wirksamkeit umfaßte, ist mir immer der schönste Beweis für die Richtigkeit des Satzes gewesen, daß „Worte Zwerge, Beispiele Riesen" sind.

„Gedenke zu leben." — cum Deo et die. Diesem in der Jünglingszeit gewählten, ernst gemeinten und immer fest gehaltenen Wahlspruche verdanke ich es, daß meine körperlichen und geistigen Kräfte, obgleich sie den Durchschnitt nicht überragen, in steter Anspannung geblieben sind, dadurch immer auch mehr gestärkt wurden und meiner Seele die beglückende Arbeitsfreudigkeit verschafft

Die erste Seite des von Eucken verfassten Manuskripts

Quelle: NLA AU, Dep. 39, Nr. 133

Geschwisterliebe

Ein auf mich folgender Bruder starb in jungen Jahren. Dadurch wurde der Altersabstand zwischen mir als Ältestem und meinen drei jüngeren Geschwistern merklicher. Dazu kam, dass ich ihnen gegenüber schon früh, während längerer Verhinderung der Eltern zufolge Erkrankung des Vaters, vertretungsweise die elterliche Gewalt auszuüben beauftragt war. Das ist ein heikles Unternehmen, denn Geschwister sehen im älteren Bruder lieber nur den Bruder, aber nicht den „Älteren", anerkennen nur ungern seine Autorität. Umso dankbarer anerkenne ich im Rückblick auf die Jugendzeit, dass die Einigkeit unter uns Geschwistern niemals getrübt worden ist. Das ist nicht mein Verdienst, denn ich war im Übereifer sehr häufig schroff; vielmehr ist jener Umstand meinen Geschwistern gutzuschreiben, die meistens über meine Schroffheit hinwegsehend, meine gute Absicht unterstützten. Ja, mein Bruder Karl Friedrich hat es über sich gebracht, für einen in seinen Folgen guten Rat, den ich aber milder hätte vorbringen müssen, mir sehr herzlich zu danken.

Als der Vater mich letztwillig beauftragt hatte, das Familiengut Addenhausen zu wahren, habe ich versucht, durch eine Familienstiftung (Eucken Addenhausensche Familienstiftung) dem väterlichen letzten Willen gerecht zu werden und dabei gleichzeitig die Beziehungen der jeweiligen Besitzer von Addenhausen zu meinen Geschwistern und zu deren Nachkommen zu pflegen.

Konfirmationszeit

Im Rückblick auf diese empfinde ich bis in hohes Alter herein die Seligkeit, welche durch Vorbereitung und Ausführung der Konfirmation in dem jugendlichen Gemüt entstand. Diese Erinnerung ist lebendig und wirksam bis auf den heutigen Tag. Innere Kämpfe sind nicht ausgeblieben; um in ihnen Sieger zu bleiben, hole ich mir auch jetzt noch und immer wieder das Rüstzeug aus der Konfirmation.

Sei was du bist, werde was du kannst

Als ich im Jahre 1873 wenige Monate vor Ablegung der Abiturientenprüfung die Verwandten in Schweden (Konsul Reinhard in Göteborg und Särö, Major Trapadin [?] in Stockholm, Gutsbesitzer Apel Reimers bei Hilla Edet) besuchte, war überall dort die Rede von der auffallenden Ungleichartigkeit der Söhne des damaligen Königs von Schweden. Jedermann sagte, der ältere der beiden Söhne tue alles, um sich unbeliebt zu machen; beide Prinzen aber, so ging es von Mund zu Mund, erreichten das Gegenteil vom dem, was sie beabsichtigten. „Sei was du bist."

Bald nach der Rückkehr von dieser Reise erschienen in der Prima meines Gymnasiums zwei durch ihren Landgeistlichen vorbereiteten Mitschüler und beantragten ihre Teilnahme an der Abiturientenprüfung. Sie waren aus den denkbar einfachsten Verhältnissen kommend, wegen ihrer Begabung, Tüchtigkeit und Strebsamkeit unentgeltlich unterrichtet worden. Lehrer und Mitschüler misstrauten zuerst dem Wissen und Können dieser beiden Neulinge. Aber die Abiturientenprüfung selbst zerstreute jedes Vorurteil; alle Arbeiten der beiden (sie waren Brüder) waren derart, dass sie als erste durchs Ziel gingen und von der mündlichen Prüfung befreit wurden. „Werde, was du kannst.“

Die größte Offenheit ist die größte Klugheit

Am 14. Juli – dem französischen Nationalfeste – 1879 war ich in Paris. Meine guten Eltern schenkten mir die Reise, nachdem ich Referendar- und Reserveoffiziersprüfung bestanden hatte. In Paris hatte ich in der Tivoli-Straße schon seit mehreren Tagen eine Privatwohnung und wusste sehr wohl, dass der Zutritt zu dem französischen Nationalfeste, das in einer Parade der gesamten Pariser Garnison vor dem Präsidenten Grévy bestand, von dem Besitz eines Ausweispapieres der Pariser Bürgermeisterei abhängig gemacht worden war. Aber bei meinen Entdeckungsreisen (zu Fuß, im Pferdebahnwagen und auf den Seinedampfern) durch und um Paris hatte ich die Mitnahme der Ausweispapiere versäumt und kam ohne solche auf dem Festplatze, dem Longchamps, bei dem Beginn eines Begnadigungsaktes an, der in echt französischer Komödiantenweise sich an zwei zum Tode Verurteilten im Angesicht einer vieltausendköpfigen Menge vollziehen sollte. Die Absperrung war durch mannshohe Bretter vollkommen gemacht und nur durch die Tür, durch welche ich eintreten wollte, sah ich die nach dem eben durch Grévy vollzogenen

Begnadigungsakte der vielgenannte Vertreter, General Boulanger, sich zur Eröffnung der Parade anschickte. In der Eingangstür aber verwehrten zwei Gendarmen mir den Zutritt, indem sie mich auf die Notwendigkeit der Ausweispapiere [?] und waren dabei mit romanischer Zungenfertigkeit lebhaft auseinanderzusetzen, dass und aus welchen Gründen der Ausweis erforderlich sei; in diesen Gründen spielte ein wiederholter Hinweis darauf, dass das französische Nationalfest den Blicken unbefugter Ausländer entzogen bleiben müsse, die Hauptrolle. Ich erwiderte, dass sich diese Vorsicht doch nur gegen heimliche Ausländer richte, nicht gegen mich, der zum Vergnügen Paris besuche und offen Jedermann erkläre, dass er Preußischer Offizier sei. Die Gendarmen sahen verblüfft zuerst mich, dann sich gegenseitig an und nach einer kurzen Pause des Nachdenkens salutierte der Obergendarm in militärischer Weise und sagte nur: „Entrer, monsieur s'il vous plais".

Meine Vorfahren und Lehrer

Bezüglich der Vorfahren verweise ich auf den im Gothaer Genealogischen Taschenbuche veröffentlichten Stammbaum und füge zu den in vorstehenden Mitteilungen bereits erwähnten Tatsachen noch hinzu, dass die Vorfahren väterlicher- und mütterlicherseits seit vielen Jahrhunderten in Ostfriesland angesessen waren. Besonders tatkräftig ist der Überlieferung zu Folge mein Urgroßvater[12] väterlicher-

[12] Hillrich Eucken (30.06.1745–18.12.1823), geboren in Nessmersiel, königlich-hannoverscher Amtsausmiener und später Stadtrat, heiratete am 19.05.1777 in Westeraccum Hinrietta Krieges-

seits gewesen. Ebenso dessen Witwe[13], welche den Familien-Grundbesitz in Seriem erwarb (1825).

Von den Lehrern, die mich unterrichtet haben, sowohl aus der Gymnasial- als auch aus der Universitätszeit, könnte ich keinen, der mich besonders beeinflusst hätte, nennen. Gegen manchen Lehrer hege ich ein Gefühl der Erbitterung, weil sie (nicht mich, aber) Mitschüler ungerecht behandelt haben. Manche Lehrer verehrte ich wegen ihrer Gewissenhaftigkeit, insbesondere Wessel, Volckmar, Reuter, Heuermann vom Gymnasium in Aurich, die Professoren von Brinz und Sohn von den Universitäten München und Straßburg (Elsass).

Heimatwurzeln

Meine Eltern und Großeltern (letztere starben, als ich schon recht selbstständig dachte) hingen mit zäher Heimatliebe am engeren wie am weiteren Heimatboden, waren treu deutsch gesinnt und betrachteten unseren Familienbesitz (Sielhof und Altaddenhausen) als unveräußerlich. Dieser Sinn ist auf meine Geschwister und mich unverkürzt vererbt worden. Persönlich habe ich das Glück gehabt, die Heimatwurzeln stärken und vermehren zu können. Zugleich lehrten meine Eltern mich, dass Liebe ohne Kraft keine Liebe ist.

mann, gestorben in Esens; vgl. Privatarchiv Georg von Eucken, Ahnentafel.

13 Hinrietta Kriegesmann (16.10.1758–02.08.1831), geboren in Westeraccumersiel, heiratete am 19.05.1777 in Westeraccum Hillrich Eucken, gestorben in Esens; vgl. Privatarchiv Georg von Eucken, Ahnentafel.

Zwei Welten

In jugendlichem Übermute führte ich als Referendar in Isernhagen ein Renkontre herbei, in dessen Verfolg meine Gegner mich gerichtlich verklagten und eine Verurteilung (zu sechs Mark Geldstrafe) herbeiführten. Dies musste ich pflichtmäßig dem Chefpräsidenten des Oberlandesgerichtes und dem Bezirkskommandeur mündlich melden. Ersterer ermahnte mich zur Milde, Letzterer frug: Konnten Sie den Gegner nicht sofort töten?

Kapitel 2: Aus Thüringen (1881–1901)

Vornehme Gesinnung macht bereit, eigene Schuld freimütig zu bekennen: Am 1. März 1881 trat ich das Amt als Erster Bürgermeister der Stadt Jena an und musste am selben Tage dem Kurator der Universität und Ehrenbürger der Stadt, Exzellenz von Seebeck, gemäß den bestehenden Gesetzten eine hohe Geldstrafe und im Verweigerungsfall eine entsprechende Haftstrafe antragen, um ihn zur Abstellung einer mir gemeldeten, die öffentliche Gesundheit gefährdenden Zustandes der Entwässerungsanlage seiner Hausgrundstücke zu veranlassen. Die Meldung war schon vor acht Wochen eingelaufen, aber mit der Aufschrift versehen worden: nach dem Amtsantritt des neuen Ersten Bürgermeisters diesem vorzulegen. Ich war noch so fremd in Jena, dass ich den am anderen Morgen vor 9 Uhr bei mir eintretenden Kurator von Seebeck nicht kannte. Er führte sich nach Vorstellung mit den Worten ein: „Ich komme, um Ihnen meinerseits zuerst Besuch zu machen. Offen gesagt, Ihre gestrige Verfügung hat mich zunächst sehr [?] und besonders meine Frau war darüber empört, indem sie nach Anhörung Ihrer Verfügung wiederholt ausrief: ‚Das dir, dem Ehrenbürger Jenas!?‘ Aber in der durch Ihre Verfügung ziemlich schlaflos gemachten Nacht bin ich anderen Sinnes geworden und habe heute früh meiner Frau gesagt: ‚Der neue Herr hat ganz recht. Der Missstand besteht, wir dürfen uns nicht aus pekuniären Gründen länger weigern ihn abzustellen. Vielleicht hatte ein Alteingesessener nur die Verfügung nicht geschickt, aber das wäre Menschenfurcht gewesen, denn die gesetzliche Bestimmung, auf welche die Verfügung hinweist, ist sonnenklar; die Verfügung besteht zu Recht, sie ist scharf, aber höflich, ich kann dem neuen Herrn nicht mehr grollen, denn er hat nur seine Pflicht getan, als er mich mit Strenge auf meine Pflicht hinwies.'" Und darauf reichte mir der Kurator, offenbar aus aufrichtigem Herzen, mir beide Hände her, schüttelte die meinigen, und über seine fein geschnittenen Lippen mit dem schneeweißen Barte kamen die freundlichen Worte: „Ich danke Ihnen, lieber junger Vater der Stadt, für die gerechte Zurechtweisung; was Ihre Verfügung fordert, wird unverzüglich gemacht werden, und um Ihnen zu zeigen, wie ich Ihre Verfügung nach reiflicher Erwägung aufnehme, mache ich Ihnen hiermit den ersten Besuch, ohne auf den Ihrigen zu warten." Dazu [?]: „Man sollte sich nie entschuldigen, ausgenommen der Fall, dass man Schuld hat."

Großherzog Karl Alexander von Sachsen

An einem 24. Juni, Geburtstagsfeste des Großherzogs Karl Alexander[14] auf der Dornburg, der alten Kaiserpfalz über der Saale, die Mitglieder des Fürstenhauses, die obersten Würdenträger des Staates und Hofes, der Prorektor und die vier Dekanen der Universität Jena und einige andere Gäste (darunter ich) bei frohem Festmahle versam-

[14] Carl (Karl) Alexander August (Sachsen-Weimar-Eisenach) (24.06.1818–05.01.1901), geboren in Weimar, 1853–1901 Großherzog von Sachsen-Weimar-Eisenach, gestorben in Weimar; vgl. Friedrich F a c i u s, *Art.* Karl Alexander, in: Neue Deutsche Biographie, Bd. 11, Berlin 1977, S. 264–265.

melt. Während der Tafel führte Professor Haeckel[15], damals Prorektor, das große Wort. In teils launiger, teils ernster Weise besprach er seine Entwicklungstheorie. Er sprach gewandt und zu überzeugen wissend. Die meisten Anwesenden hörten ihm aufmerksam zu. Ja, einige hingen förmlich an seine Lippen. Karl Alexander sah den ihm Gegenübersitzenden prüfend an, als dieser seinen Redestrom plötzlich unterbrach und den Großherzog, lächelnd aber doch ernst gemeint, persönlich anredete: „Eure Königliche Hoheit hören mir ja aufmerksam zu. Sie glauben doch auch alles, was ich gesagt habe?" Der Großherzog antwortete schlagfertig: „Glauben? Nein. Aber Sie sollen ja auch nicht lehren was ich glaube, sondern was Sie glauben."

Klein, aber mein

So dachte und glaubte ich in Erinnerung an die Schaffung meines ersten eigenen Heimes, an den Einzug mit der innigstgeliebten Frau in die freundliche Wohnung unter der damals noch sogenannten Weigeliana domus, einem der [?] Jenas. Die Erfahrungen des Lebens haben uns nicht bereuen lassen, dass wir beim Einzug in das Hausbuch die Worte eintrugen: „Das Haus ist meine Welt, in der es mir gefällt". Ich: „Ich und mein Haus wollen dem Herrn dienen." Wir gelobten uns dabei, nach diesen Grundsätzen zu erziehen, welche Gott uns etwa schenken würde. Gemeinsame Arbeit in gleicher Gesinnung

---

15 Ernst Haeckel (16.02.1834–09.09.1919), geboren in Potsdam, deutscher Mediziner, Zoologe, Philosoph, der die Ideen von Charles Darwin studierte und ausbaute, Professor für Anatomie in Jena, verstorben in Jena; vgl. Georg U s c h m a n n , *Art.* Ernst Heinrich Philipp August Haeckel, in: Neue Deutsche Biographie, Bd. 7, Berlin 1966, S. 423–425.

nach gleichem Ziele begründet und befestigt die Freundschaft: Jena besaß zu keinem seiner Berge einen von Bäumen beschatteten Auffahrtsweg. Der Stadtbaumeister legte den Entwurf zu Schaffung eines solchen Weges nach dem sogenannten „Fasan“ vor. Trotz allgemeiner Anteilnahme des Präsidenten und akademischer Kreise lehnte die Gemeindevertretung meinen auf die Einführung des Wegebauentwurfes gerichteten Antrag ab. In der öffentlichen Sitzung, in welcher die Angelegenheit zur Entscheidung kam, nahm Oberlandesgerichtsrat Fuchs als Zuhörer teil. Am folgenden Morgen besuchte er mich, um seinen Einfluss zum Zwecke der Herstellung der abgelehnten Straße anzubieten. Wir bildeten ein Komitee, legten der Öffentlichkeit die Sachlage vor und stellten aus freiwillig uns zufließenden Mitteln den Forstweg binnen drei Jahren her, unter dessen schattigen Baumreihen jährlich tausende den von Goethe „einzigartig“ genannten Blick in das Saaletal genießen. Als Bewunderer dieses Blickes hat Goethe einer Frau, welche die Waldlosigkeit der gegenüberliegenden herrlichen Kernberge bemängelte, erwidert: „Mögen Sie denn dem Apoll von Belvedere einen Frack anziehen?“

Die gemeinsame Arbeit an jenem Bau hat zwischen Fuchs und mir eine Freundschaft begründet, auf die das Wort Anwendung findet: „Ein Freund in der Not, ein Freund im Tod. Ein Freund hinterm Rücken, das sind die festen Brücken.“

Zu große Hast hat's oft verpasst

In allen deutschen Staaten wurde eifrig an einer großen Besteuerung des Einkommens gearbeitet. Die Grundlage dazu wurde durch ungezählte statistische Erhebungen geliefert. Unter anderem war eine Rundfrage darüber zu beantworten, wie hoch wohl der durchschnittliche Umsatz eines guten Fleischergeschäfts in Städten von 10.000 bis 15.000 Einwohnern zu veranschlagen sei. Zu diesem Zweck lud ich mehrere Inhaber solcher Geschäfte zu vertraulichen Besprechungen einzeln ein und betonte jedes Mal, dass es sich um Vorarbeiten zu Entwürfen, nicht aber um die Besteuerung des einzelnen, mir gerade gegenübersitzenden Geschäftsinhabers handle. Aber bei jedem Erscheinen sprach aus jeder Antwort und aus jeder Erklärung die Besorgnis einer sofortigen Steuerreglung. Am wenigsten ließ mich ein dicker Fleischermeister zu Worte kommen. Ich war dabei, ihm begreiflich zu machen, um was es sich handle, während er fortwährend dazwischen sprach, um mir begreiflich zu machen, dass er eigentlich überhaupt keinen Umsatz hat. Als ich ihm hierauf sein blühendes, mit mehreren Verkäufern besetztes offenes Ladengeschäft ins Gedächtnis rief, platzte er stürmisch die Worte hervor: „Ja, ich will es Ihnen offen sagen, ich schlachte jährlich 500 Ochsen, aber bei jedem Ochsen setzte ich drei Thaler zu“!

Studentenfutter

Als Polizeichef von Jena handelte ich nach dem Grundsatze, dass dem Studenten die akademische Freiheit nicht verkürzt werden müsse, umso strenger bestrafte ich diejenigen Studenten, [?] begingen. Diese Stellungnahme brachte bald ein patriarchalisches Verhältnis zwischen der Polizeiverwaltung und den akademischen Bürgern zutage. Daran drei Beispiele: Ich hatte eine Verordnung erlassen, wonach Hunde an der Leine geführt werden mussten. In strikter Befolgung dieser Maßnahme erschienen am nächsten Morgen etwa 20 Studenten in der Marktstraße mit Hunden an der Leine. Die Studenten gingen den zu Markt kommenden Bäuerinnen entgegen und leiteten ihre Hunde so, dass auf dem linken Bürgersteig der Student und auf dem rechten Bürgersteig der Hund marschierten, beide verbunden durch eine zehn Meter lange Leine. Die Bäuerinnen mit ihren schwerbeladenen [?] gingen regelmäßig auf der Fahrbahn. Begegneten sie nun dem durch die Leinen mit seinem Hund verbundenen Studenten, so ließ dieser die Bäuerin zunächst in die Leine hineingehen, rief dann den Hund zu sich, so dass die Bäuerin in der Leine festsaß, schleunigst kehrt machen musste, um nicht umgerissen zu werden, und von dem mit seinem festgemachten Hund davoneilenden Studenten unter dem Jubel der Jenaischen Jugend im Geschwindschritt angeführt wurde. Da das Ganze von 20 Studenten ausgeführt wurde, so kann man sich den Erfolg meiner Verordnung ausmalen.

Ein Student der Philosophie befand sich täglich unter denjenigen, welche wegen nächtlicher Ruhestörung mir angezeigt wurden. Ich quittierte pflichtgemäß jedes Mal durch Verfügung einer mäßigen, aber für den Etat des Studenten fühlbaren Geldstrafe. Das wiederholte sich so oft, dass dieser Student sein ganzes Zimmer mit meinen Strafzuschriften tapeziert hatte. Am Schluss seiner akademischen Laufbahn gab er ein Buch voller sprudelnden Humors heraus, das er „Jenenser Leben" überschrieb und aus einer großen Anzahl wohlgelungener Gedichte zusammenfasste. Das Buch widmete er mir und fügte dem Einleitungstext die Worte bei: „In dankbarer Erwiderung so mancher wertvollen Zuschrift".

Aus Ärger über das straffe Verhalten eines Schutzmannes, der am „Burgkeller" eben vorbeiging, lief ein Student der Rechte aus dem Burgkeller dem Schutzmann einige Schritte nach und stülpte ein mitgebrachtes bis an den Rand gefülltes Bierseidel den Schutzmann dergestalt auf die Helmspitze, dass durch das abfließende Bier der Ordnungswächter wie ein begossener Pudel hingestellt wurde. Das ging über harmlosen Studentenhumor hinaus und hätte dem Täter bei gerichtlicher Verfolgung wohl eine Vernichtung seiner beabsichtigten Laufbahn einbringen können. Zu Letzterem wollte ich aber nicht beitragen, gab deshalb die Anzeige nicht zur gerichtlichen Verfolgung ab und legte dem Studenten wegen „groben Unfugs" eine Geldstrafe von 50 Mark auf. Am Mittag des nächsten Tages erschien bei mir der Bestrafte in Frack und weißer Halsbinde. Den ungewohnten hohen

Hut unruhig durch die Finger gleiten lassend begann er: „Ich bitte es nicht für einen Scherz zu halten, dass ich so feierlich gekommen, ich komme lediglich, um mich für die gnädige Strafe zu bedanken. Sie ist zwar für meinen Vater recht schmerzlich, aber da ich Jurist bin (hierbei warf er sich stolz in die Brust), erkenne ich doch das Wohlwollen in der hohen Strafsumme, und da ich auch den Grundsatz ne bis in idem[16] kenne, so bin ich ehrlich hergekommen, um die Strafe zu erlegen". Ich zeigte ihm eine Geheimtür, die aus meinem Zimmer zur Stadtkämmerei (Kasse) führte. Dort erlegte er den Geldbetrag und wandte sich beim Fortgehen nach der für den öffentlichen Verkehr bestimmten Tür. Als er die Klinke in der Hand hatte, rief er über die vielen zum Steuer zahlen anwesenden Leute hinweg, den Kassenvorsteher mit den Worten an: „Herr Kämmerer, wenn ich draußen, aber wenn ich gänzlich aus dem Rathause hinaus bin, dann gehen Sie doch bitte durch die Geheimtür zum Stadtoberhaupt und fragen, ob, wenn ich durch solche Scherze mit dem Schutzmann abonniere, ich es künftig nicht billiger haben könnte."

Wegen meines autokratischen Regiments gab man (in Anspielung auf den Titel des Landesherrn „Königliche Hoheit") den Spitznamen „Bürgerliche Hoheit" [?] die gesamte Einwohnerschaft.

---

[16] Lateinisch für: nicht zweimal in derselben Sache.

Die Stadt Eisenach, deren Oberbürgermeister ich seit 1885 war, hatte durch ihre Vertretung, den Gemeinderat, mich ersucht, die Genehmigung des Großherzogs für Durchführung einer öffentlichen Fahrstraße durch den Karthausgarten persönlich und mündlich einzuholen. Dar Karthausgarten, ein kleiner, aber herrlicher Park mit dem Blick nach der Wartburg, ist Kerngut, d.h. ein Fideikommiss[17] des Fürstenhauses. Die Durchführung einer Fahrstraße durch den Karthausgarten war für die Entwicklung Eisenachs in höchstem Grad erwünscht, war jedoch auf alle schriftlichen Vorstellungen der städtischen Vertretung hier abgelehnt worden. Auf das Ersuchen des Gemeinderates hin, bat ich persönlich den Großherzog, um den Wunsch Eisenachs mündlich zu erläutern und übersandte alsbald den Straßenbauentwurf mit allen dazugehörigen Zeichnungen und Berechnungen. Zur festgesetzten Zeit wurde ich im Schloss des Großherzogs von meinem Landsmann Grafen Ernst von Wedel[18] (später Oberstallmeister des Kaisers) mit den Worten empfangen: „Ich habe dienstlich mit der Sache nichts zu tun; da ich aber die Empörung der ganzen Großherzoglichen Familie über das Ansinnen Eisenachs wegen des Kathausergartens kenne, bin ich doch hergekommen, um meinem lieben Landsmann zu raten, dass ich den Bogen nicht zu straff spannen möge.“ Beim Aufgang zum Zimmer des Großherzogs begegnete mir

---

17 Meint ein unveräußerliches und unteilbares Vermögen einer Familie.

18 Ernst von Wedel (05.06.1838–25.11.1913), geboren in Osnabrück, nach 1866 Kammerherr, später Oberstallmeister beim Großherzog von Sachsen-Weimar, 1890–1905 Oberstallmeister von Kaiser Wilhelm II., gestorben in Weimar.

offensichtlich absichtlich die Erbgroßherzogin, welche sonst ganz besonders freundlich, in abwehrendem Tone mir im Vorübergehen sagte: „Was Sie jetzt beantragen wollen, Herr Oberbürgermeister, werden Sie niemals erreichen.“ Als ich in das Zimmer des Großherzogs eintrat, war er noch nicht zugegen, aber die von mir übersandten Zeichnungen usw. lagen auf einem großen runden Tisch in der Mitte des Zimmers breit, und ich sah noch drei über die Pläne gebeugte Lakaien, welche das, was sie aus Gesprächen der Großherzoglichen Familie gehört hatten, eifrig berieten und bei meinem Eintritt auseinanderstoben. Mich empfing dann ein süffisanter Höfling, natürlich auch etwa so, wie die Großherzogin mir begegnet war. In völligem Gegensatze zu diesem benahm sich der alsbald eintretende Großherzog, begrüßte mich unverändert und sagte seinem Flügeladjutanten: „Verlassen Sie uns!“ Und mir, als wir nunmehr allein im Zimmer waren: „Die Wünsche meiner lieben Stadt Eisenach will ich gern noch einmal mit Ihnen gemeinschaftlich prüfen, wir sind beide etwas in Parteien, Sie für Eisenach und ich für das Kerngut, nur deshalb wollen wir in Parteien verhandeln, jeder Teil seine besten Gründe vorbringend.“

Ich trug nun alles vor, was sich vom Standpunkt der öffentlichen Verkehrsinteressen für den Bauentwurf geltend machen ließ. Der Großherzog unterbrach mich keinen Augenblick, sondern fasste nach mir alle von mir vorgebrachten Gesuchsgründe zusammen und legte eingehend zu jedem Punkte seine Gegengründe dar. In gleicher Weise widerlegte ich bei Letzteren Punkt für Punkt. Darauf fragte der Großherzog: „Nun haben wir beide ausreichend Gelegenheit gehabt, unsere Standpunkte zu vertreten, Sie durch Begründung und Replik, ich durch Einrede. Bisher habe ich mich als Partei Ihnen gestellt, nun bin ich aber in dieser Angelegenheit nicht nur als Vertreter des Kerngutes eine Partei, sondern auch als letzter Instanz über Verkehrsfragen der entscheidende Richter, und als solcher entscheide ich gegen Sie, also gegen den Wunsch der Stadt Eisenach; aber ich füge hinzu, dass, wenn ich der Oberbürgermeister von Eisenach wäre, ich so gesprochen haben würde wie Sie."

Etwa zehn Jahre später war die in Rede stehende Verkehrsstraße gebaut.

Die optischen Zeißwerke in Jena

Eine große Verlegenheit entstand zufolge einer allzu fiskalischen Gesetzvorschrift im Großherzoglichen Sachsen dadurch, dass die Arbeitgeber alle Löhne ihrer Arbeitnehmer bei der Behörde anmelden mussten. Bei dieser lagen die Lohnlisten zur öffentlichen Einsichtnahme aus, wodurch das Gesetz den ausgesprochenen Zweck verfolgte, die Lohnanmeldungen, welche die Grundlage der Steuerzahlung bilden sollten, durch die Öffentlichkeit überwachen zu lassen. Als ich die Aufforderung zur Anmeldung der Löhne zum ersten Mal ergehen ließ, erschien voller Verzweiflung bei mir der Professor Abbe, die Seele der optischen Zeißwerke. Er teilte mir mit, dass die

Kunst, die in aller Welt als die besten Ferngläser bekannten und begehrten Fabrikate der Zeißwerke herzustellen, in dem feinen Tastsinn der Finger einiger weniger Arbeiter begründet sei. Gern wolle er mir die Löhne aller Arbeiter anmelden, bitte aber im Interesse der Erhaltung der für Friedens- und Kriegszwecke unersetzbar wertvollen Industrie darum, dass die Lohnlisten nur der Behörde, nicht aber dem Publikum bekannt werden möchten.

Diese Industrie habe nur zwei ernste Konkurrenten, beide im Ausland, nämlich einen in London und einen in Boston. Die Konkurrenzfirmen verfügten aber nicht über so kunstfertige Glaslinsen. Arbeiter wie die Jenaische Firma nur hätten deshalb eine regelrechte Spionage eingerichtet, um zu ermitteln, welche unter der großen Zahl von Arbeitern der Zeiss-Werke die besonders kunstfertigen seien. Sie [haben Arbeiter mit Löhnen], welche zum Teil das Gehalt der Direktoren der Anstalt übersteigen, vertragsgemäß verpflichtet, ihre äußere Lebenshaltung durch nichts von der Lebenshaltung der anderen Arbeiter unterscheiden zu lassen. Dadurch sei es bisher gelungen, der Spionage jeden Erfolg zu nehmen. Letztere arbeite mit ungezählten Millionen, welche insgeheim den vermeintlichen kunstfertigen Arbeitern angeboten wurden, um sie zur Übersiedlung ins Ausland zu bewegen. Auf diese Weise hätten die dunklen Ehrenmänner der ausländischen Firmen schon manchen Arbeiter abspenstig gemacht und über See geführt, aber glücklicherweise niemals die wirklich kunstfertigen Arbeiter herausbekommen. Letzteres würde sich sofort ändern, wenn die Lohnlisten zur öffentlichen Einsichtnahme ausgelegt würden. Eine solche Bekanntgabe würde in diesem Falle nichts anderes bedeuten als den sofortigen Verlust der unersetzbaren und deshalb auffällig hoch gelöhnten Arbeiter.

Ich begab mich unverzüglich zu dem zuständigen Finanzminister und befürwortete aufs Dringendste Hilfe für Professor Abbe. Trotz eingehender Darlegung des Sachverhalts erhielt ich keinen klärenden Bescheid. Ich entnahm aber aus dem langen Gespräch mit dem zwar sehr klugen, jedoch wenig verantwortungsfreudigen Minister, dass er nur deshalb nicht eingreifen wollte, weil er die Folgen solchen Eingriffes scheute. Darauf gab ich dem auch mit größter Spannung zurückerwartenden Vertreter der Zeißwerke folgenden Bescheid: „Ich rate Ihnen auf meine persönliche Verantwortung hin, nur zu schreiben, dass die Zeißwerke aus den von Ihnen dargelegten Sorgen um die Zukunft dieser einzigartigen deutschen Industrie sich weigern, die geforderten Lohnlisten der Behörde einzureichen. Wegen solcher Weigerung werde ich die Zeißwerke mit einer hohen Strafe belegen, dass darin von jedem objektiv denkenden eine ausreichende Sühne für die in Ihrer Weigerung liegende Gesetzwidrigkeit erkannt werden muss. Die Gesetzwidrigkeit ist unzweifelhaft und bedarf deshalb der Strafe. Aber sie ist eine lediglich formale. Berücksichtigt hat das Gesetz die eintretenden Folgen nicht, sein Zweck ist vielmehr das gerade Gegenteil; es schädigt ungewollt die Wohlfahrt der [?], während der Zweck aller Gesetze die Förderung solcher Wohlfahrt ist.“

Danach wurde verfahren, unbeanstandet, und nach einem halben Jahr beantragte der Finanzminister [?] im Landtag die Aufhebung des verhängnisvollen Gesetzes. Die Bitte Abbes, wonach er die Lohnlisten zwar einreichen, aber ihre Bekanntgabe verhindern wollte, war unerfüllbar, weil sie eine unzulässige Verschiedenartigkeit und deshalb Ungerechtigkeit in der Behandlung der Steuerpflichtigen in sich geschlossen hätte. Deshalb war, solange das Gesetz bestand, eine öffentliche Auslegung der Anmeldungen unvermeidbar. Wollten die Zeiss-Werke die öffentliche Auslegung der Lohnlisten verhindern, so mussten sie die Folgen einer Nichtanmeldung auf sich nehmen. Zur Steuer wurden die Nichtangemeldeten dann eingeschätzt.

Gott schenkte meiner Frau und mir den erbetenen Kindersegen, vier geliebte Kinder, später auch ebenso liebe Schwiegerkinder und Enkel. In der Stellungnahme zu den Kindern war unser elterlicher Grundsatz: Bis zum 15. Lebensjahr Herr der Kinder, bis zum 20. Lebensjahr sein Berater, darüber hinaus sein Freund (vgl. Offenbarung Johannis 3 Vers 19 Satz 1).

Kein Ei gleicht dem anderen

Kein Ei gleicht dem anderen, kein Blatt gleicht dem anderen, dies Wunder ist eines der merkwürdigsten in der Natur, die scheinbar sich wiederholt, in Wirklichkeit aber unerschöpflich Neues ununterbrochen schafft, und zwar auf allen Gebieten. Der Dialekt keines Dorfes gleicht dem Dialekt eines anderen Dorfes.

Ich erhielt einen Brief des Oberbürgermeisters von Erfurt, worin mitgeteilt wurde, dass dort ein zwölfjähriges Kind in hilflosem Zustand aufgegriffen sei, welches jede Auskunft über seine Herkunft und über seine Person verweigerte, aber nach Ansicht des aus Eisenach kommenden Polizeikommissars den Dialekt der Katharinenstraße in Eisenach spreche. Die Nachforschungen ergaben, dass der Polizeikommissar Recht hatte, sodass die besorgten Eltern auf solche Weise ihr Kind zurückerhielten. Jede Straße hatte ihren Dialekt.

Greif niemals in ein Wespennest, doch, wenn du greifst, dann greife fest

Nach diesem Grundsatze handelte ich, als man mich zunächst gegen meinen Wunsch von Jena nach Eisenach berufen hatte. Der prächtige Oberbürgermeister Roose in Eisenach, von mir besonders verehrt, wollte abgehen und war tatsächlich abgängig, weil mit zunehmendem Alter sein Gedächtnis und seine Entscheidungskraft schwach wurden. Das hatten sich viele, darunter auch Angestellte der Stadt, zunutze gemacht. Daraus mussten sich manche Missstände ergeben, und von diesen waren die bedauerlichsten die, dass die Einheitlichkeit der Verwaltung verloren ging und jeder Abteilungsvorsteher selbstherrlich regierte und manches in Untüchtigkeit versank. Von diesen wurde ich beim Amtsantritt ungern empfangen. Das war unverhohlen öffentlich zum Ausdruck gelangt. Umso gespannter waren die beteiligten Kreise, insbesondere die höheren städtischen Beamten auf die Gestaltung des Wechsels in der Person des Oberbürgermeisters. Es war viel in Wort und Schrift über das „Programm" des aus Jena Kommenden gestritten worden, und von der Einführungsfeier erwartete man die Erledigung solcher Streitereien. Dieser Erwartung entsprach ich dadurch, dass ich nach der feierlichen Vereidigung in öffentlicher Sitzung die ganze Einführungsrede aus den Worten bestehen ließ: „Meine Herren, ich habe nur einen Grundsatz, und der lautet: der Tag hat 24 Dienststunden." Einen treuen Gehilfen fand ich in Alfred Oppelius (späterer Landesgerichtspräsident), der mein Freund wurde.

Großherzog Karl Alexander und die Wartburg

Dass der Wiederhersteller der Wartburg seine herrliche Schöpfung bis an das Lebensende die denkbar größte Fürsorge auf baulichem, geschichtlichem und kirchlichem, künstlerischem und wissenschaftlichem Gebiet zugewandt hat, ist eine vielbekannte Tatsache. Nur selten aber hat die Öffentlichkeit erfahren, in wie feinen Einzelzügen Karl Alexander seine Fürsorge betätigt hat.

Als ein Denkmalkomitee ihn mit Petitionen um Errichtung eines Lutherdenkmals auf der Burg bestürmt und wiederholt durch meine Vermittlung abschlägigen Bescheid erhalten, aber dadurch sich nicht beruhigt hatte, riet ich dem Großherzoge, die Rädelsführer des Komitees persönlich zu belehren. Nur ungern sprach er vor fremden Menschen, besonders vor einer Mehrzahl von solchen; aber dieser Gegenstand lag ihm so sehr am Herzen, dass er seine Abneigung überwand, und mir den Auftrag gab, ihm die Herren zuzuführen. Liebevoller als bei der dann folgenden Audienz Karl Alexander über die Wartburg sich verbreitete kann keine Mutter ihr Kind streicheln.

Es ist kaum möglich in schriftlichen Worten wiederzugeben, was in gesprochenen Worten den Hörern nahegelegt wurde; deshalb unterlasse ich den Versuch einer Wiedergabe der Rede und will nur zwei besonders charakteristische Wendungen daraus anführen: „Sie wollen ein Lutherdenkmal auf die Wartburg bringen. Haben Sie sich nicht selbst gesagt, dass das ein [?] sein würde. Die ganze Wartburg ist ein Lutherdenkmal.“ So erwiderte Karl Alexander und im Laufe seiner weiteren Ausführungen frug er, ob man ihn überhaupt für berechtigt halte, die erbetene Genehmigung zu geben: „Denn“, äußerte er, „ich fühle mich nur als Verwalter dieser Burg, deren Eigentümer ist aber das ganze christliche Deutschland.“

Reibung schafft Leben

Besonders auf kirchlichem Gebiet bewahrheite sich dieser Satz, dass geistiger Stillstand Tod bedeutet. In Eisenachs evangelischen Kirchen herrschte viele Jahre hindurch ausschließlich und unbedrängt die sogenannte Jenaische Richtung. Obgleich die Seelsorger eifrig waren, begann in der zweiten Hälfte des 19. Jahrhunderts das kirchliche Leben der Stadt träger und träger zu werden. Kirchlich lebendige Kreise empfanden darüber tiefen Schmerz. Abhilfe war geboten. Sie kam zustande durch das Zusammenwirken von drei Personen, die innerlich zueinander gehörten und äußerlich je besondere und große Kreise vertraten:

Ein Jurist des damaligen Appellationsgerichts, ein benachbarter Grundbesitzer (Georg von [?], später mein Freund) und eine alleinstehende wohlhabende Frau bildeten die Anna von Eichelsche Stiftung, welche durch Bestätigung durch das Kirchenregiment es sich angelegen sein ließ, in Eisenach eine andere als die Jenaische Richtung zum Worte kommen zu lassen. Es wurden zunächst Geistliche aus der Hannoverschen Landeskirche berufen und durch die genannte Stiftung in Eisenach eingeführt. Das Ergebnis war und ist erfreulich. Während vorher alle Kirchen Eisenachs, als lediglich die Jenaische Richtung darin herrschte, fast immer leer waren, sind seit dem Wirken der genannten Stiftung nicht nur die von dieser versorgte Kirchen Eisenachs voller lebendigen Interesses, sondern auch die anderen Kirchen Eisenachs, in denen nach wie vor die Jenaische Richtung besteht. In den Verwaltungsrat der erwähnten Stiftung berufen, führte ich den Kultusminister eines thüringischen Staates auf seinen Wunsch in die kirchlichen Verhältnisse Eisenachs ein, wobei selbstverständlich das vorstehend Berichtete zur Sprache kam. Dabei schieden wir mit etwa folgenden Bemerkungen, die sich zwar nicht ganz reiben, aber doch jede sich auf den Gedanken dass Reibung Leben schafft führten: Ich schloss meine Ausführungen mit dem Ausdrucke der Zuversicht, dass nunmehr das kirchliche Leben Eisenachs senfkornartig wachsen werde, worauf der Andere sagte: „Und ich würde, wenn ich in den mir anvertrauten Kirchen nicht schon die beiden besprochenen Richtungen vertreten wären, den Gegensatz schaffen, der die beiden Anschauungen zur Wirkung bringen würde."

Not kennt kein Gebot

Nicht immer würde ich nach diesem Sprichwort handeln. Aber in folgender Angelegenheit danach gehandelt zu haben, bereue ich nachträglich nicht. Der furchtbare Brand des Wiener Ringtheaters gegen Ende der 1880er Jahre machte es allen Verwaltungen, die über große Versammlungsräume verfügten zur unabweislichen Pflicht, die Baulichkeiten daraufhin anzupassen, ob genügende Gewähr gegen Feuergefahr oder gegen ein Anstauen von Menschenmengen bei plötzlich ausbrechenden Schrecken vorhanden war. In Eisenach ergab diese Prüfung, dass das in städtischem Besitze befindliche, noch ziemlich neue und stattliche Theatergebäude fast völlig im Inneren umgebaut werden musste. Die Bausumme war so groß, dass ich die Ablehnung durch die Gemeindevertretung vorschlug. Alsdann wäre folgender Zustand eingetreten: Die Gesamtheit der Einwohner hätte je länger desto stürmischer die Wiederaufnahme des Theaterspielplanes verlangt. Die Gemeindevertretung hätte diesem Verlangen nachgegeben und die Lasten des Ringtheaterbaues in den Wind geschlagen. Ich als Chef der Polizeiverwaltung hätte das Theater gewaltsam schließen lassen müssen, weil seine Benutzung vor dem erwähnten Neubau unverantwortlich gewesen wäre.

Aus dieser Schwierigkeit konnte nur herausgekommen werden, indem der gordische Knoten geschnitten wurde. Ich ließ deshalb vor Eintritt der Theaterspielzeit den Neubau nach Plänen der Bausachverständigen vornehmen, ließ genaue Abrechnung machen und legte diese so rasch wie möglich der Gemeindevertretung mit dem Antrage vor, mir für die eigenmächtige Anordnung des Neubaus [die Genehmigung] zu erteilen und die aufgewandte Bausumme nachträglich zu genehmigen.

Natürlich gab es einen kleinen Sturm, aber ich betrachtete ihn wie als einen kleinen „Sturm im Glase Wasser". Äußerungen der Tagespresse wie die: „Seit wann verfügt der Oberbürgermeister von Eisenach über einen Welfenfonds, aus dem er ohne Zustimmung der Gemeindevertretung große Geldmittel nach seinem Belieben verwenden kann", bereiteten auch eine aufgeregte Sitzung der städtischen Körperschaften vor, in der ich den erwähnten Antrag neuerlich begründete. Wer die kleinliche Eifersucht kennt, von der sonst verschiedene Menschen ergriffen werden können, vermag sich das Bild jener Sitzung auszumalen. Ich beschränke mich hier darauf, zu berichten, dass mein Antrag mit 16 von 30 Stimmen angenommen wurde, dass aber nach Schluss der Sitzung auch die widerstrebenden 14 Stimminhaber mich zu dem Ergebniss beglückwünschten. Ich meine dazu: „Not kennt Gebot!“

Seit der hier geschilderten Begebenheit gaben mir die Eisenacher den Scherztitel „Bürgerliche Hoheit.“

Kindermund

Anfang 1893 war ich zum Bezirksdirektor (Landrat) des Eisenacher Unterlandes (wozu auch die Stadt Eisenach gehört) ernannt worden. Seitdem habe ich nie aufgehört, auch für ländliche Gemeinwesen und deren Interessen zu sprechen. Sorgen der Land- und Forstwirtschaft, Verbesserung der Verkehrsmöglichkeiten und Fürsorge für das Schulwesen liegen mir am Herzen. Besonders in Schulangelegenheiten fand ich bei meiner Frau, die den Industrie- und sonstigen Fortbildungsschulen des Bezirkes vorstand, tatkräftige Unterstützung, und zu den schönen Erinnerungen meines Lebens gehören die gemeinsamen Fahrten durch den Eisenacher Bezirk im selbstgefahrenen Jagdwagen.

Bei einer der notwendigen Schulbesichtigungen hörte ich die sinnigste Antwort, die wohl je über Kinderlippen kam. Der Lehrer wünschte einer Mädchenklasse den Sinn der beim Lesen vorgekommenen Wortes „Pleonasmus“ zu erklären und tat dies durch Anführung von Beispielen wie „kaltes Eis“, „nasser Regen“, „heißes Feuer“. Auf die Frage, ob der Sinn jetzt verstanden sei, erfolgte allgemeine Bejahung. Aber auf die Aufforderung, ein weiteres Beispiel von Pleonasmus zu nennen, antwortete zunächst niemand. Nur die Kleinste der ganzen Schule erhob schüchtern die Hand, bejahte dann aber freudig die Frage, ob sie ein Beispiel wisse, und sagte [?] Auges: „liebe Mutter“.

Begegnung mit Bismarck

Nicht lange Zeit vor seinem Tode kam Bismarck auf der Reise von Bad Kissingen nach Varzin nach Eisenach, wo ein längerer Aufenthalt des Eisenbahnzuges geplant war. Der Arzt hatte durch die Presse bitten lassen, mit Rücksicht auf die leidende Gesundheit des Fürsten von etwa beabsichtigten Kundgebungen, durch die sonst überall der Altkanzler geehrt zu werden pflegten, Abstand zu nehmen. Diese Kundgebungen galten nicht nur der Volksverehrung Bismarcks, sondern auch der allgemeinen Erbitterung darüber, dass die Reichsverwaltung nicht den richtigen Ton gegenüber dem Begründer des Deutschen Reiches finden konnten; sogar die deutschen Fürsten schienen im Verhalten zu Bismarck unter einem gewissen Druck zu stehen. Es war noch keine geraume Zeit verflossen, seitdem der deutsche Botschafter Fürst Reuß in Wien von Berlin aus angerufen worden war, den damals Wien besuchenden Fürsten Bismarck in der Deutschen Botschaft nicht zu empfangen. Damals hatte die Fürstin Reuß, geb. Prinzessin von Sachsen-Weimar-Eisenach trotz des Verbotes die Räume der Deutschen Botschaft zu Wien für Bismarck geöffnet. In gleichem Sinne handelte ihr Vater, Großherzog Karl Alexander, da er mich jetzt beauftragte, in seinem Namen den Fürsten Bismarck auf dem Bahnhofe in Eisenach zu begrüßen.

Er richtete das Eintreffen des Auftrages bei mir so ein, dass es keine Zeit mehr gab, auf den dem Großherzog bekannten, aber von ihm mit guter Absicht nicht berücksichtigten Wunsch des Bismarck'schen Arztes zurückzukommen. Die Lage für mich war nicht angenehm: Auf der einen Seite der strikte Auftrag und auf der anderen Seite die ärztliche Bitte. Der Großherzog war abgereist, Adresse unbekannt. Den mir erteilten Auftrag übermittelte ich telegraphisch dem Fürsten Bismarck, den meine Mitteilung noch in Kissingen erreichte. Unverzüglich antwortete er mir: „Ich bitte Seiner Königlichen Hoheit dem Großherzoge von Sachsen meinen alleruntertänigsten Dank für die mir jetzt wieder bewiesene gnädige Gesinnung übermitteln zu wollen. Seinen Abgesandten zu empfangen, ist mir stets eine Ehre und Freude. Ich bitte Sie, morgen gegen 11 Uhr vormittags in meinen Salonwagen zu kommen."

Bei der Ankunft des Zuges empfing [mich] zunächst die Fürstin Bismarck, offenbar in tiefer Sorge um den Gesundheitszustand des Mannes. „Aber", fügte sie sogleich hinzu, „bei dem Eintreffen des Telegrammes im Namen Ihres Großherzogs, zögerte er keinen Augenblick, sondern war sofort entschlossen Sie zu sehn." Sie führte mich in den anderen Teil des Wagens, wo Bismarck im Bett lag. Ich musste noch am Bett Platz nehmen, während Bismarck sagte: „Ich habe Schmerzen bis zum Selbstmord. Das hindert mich aber nicht, die Begrüßung Seiner Königlichen Hoheit des Großherzogs jederzeit und überall aufs Dankbarste entgegenzunehmen.“ Darauf teilte ich meinen Auftrag mit und fügte alles hinzu, was ich über das Verhältnis Karl Alexanders zu Bismarck aus vielen Unterredungen mit Ersterem weiß. Im Laufe der Gespräche wurde besonders die Mitarbeit der deutschen Fürsten in den Jahren 1870 und 1871 gestreift. Bismarcks Ausführungen waren interessante Erläuterungen dessen, was aus seinem Buch Gedanken und Erinnerungen bekannt ist.

Raiffeisen

Im Eisenacher Lande gibt es viele Kleinbauern, welche ihr tägliches Brot dem zumeist kargen und steinigen Boden geradezu abringen. Diese tapferen Leute klagen trotzdem nicht, ihre sprichwörtliche Thüringer Fröhlichkeit leitete sie über die Schwere ihrer Daseinsbedingungen hinweg, ihr Gebet und ihr Dank zu Gott galt der Gabe eines frohen Herzens. Umso abscheulicher war das Treiben von Wucherern, welche teils in Thüringen, teils in dem benachbarten Hessen wohnhaft, die Notlage jener Bauern ausbeuteten. Die Bauern benahmen sich oft wie unerfahrene Kinder: z.B. als ein Güterschlächter ein großes Stück Land in [?] für 2000 Mark gekauft und den Wiederverkauf in kleinen Teilen für den folgenden Tag angesetzt hatte, kauften ihm die Bauern derselben Dörfer dasselbe Grundstück in einer vom Güterschlächter bei Bier und Musik veranstalteten öffentlichen Versteigerung für 5000 Mark wieder ab.

Ähnliche Zustände hatten wohl dem bekannten Friedrich Wilhelm Raiffeisen den Gedanken eingegeben, der zur Einrichtung der nach ihm benannten Raiffeisenkassen führte und der den gleichfalls von Wucherern umlagerten Dörfern seiner Heimat im Westerwald sehr erfolgreiche Hilfe gebracht hat. Gute Ansätze zu solchen Kasseneinrichtungen fand ich in meinem Bezirk vor. Ihrer Weiterentwicklung galt meine Arbeit. Was den Bauern fehlte, war der Realkredit. Diesem Mangel sucht die Raiffeisenbewegung durch Schaffung eines gesicherten Personalkredites zu begegnen, und zwar auf Grundlage eines Zusammenschlusses der Sachgenossen: Reiche und Arme vereinigen sich. Jeder haftet für das Ganze, die Verwaltung geschieht unentgeltlich. Auf diese Weise erhält auch der kleine Mann, wenn er nur kreditwürdig ist, auch seine Kreditfähigkeit; denn der aus den Dorfgenossen selbst gewählte Vorstand weiß, dass Sachkunde, Sorgfalt und Fleiß ehrlicher Bauern ein besseres Unterpfand für vorgestreckte Darlehn bilden als manche scheinbar noch so sichere Hypothek.

In etwa 40 Dörfern wurden Raiffeisenkassen errichtet. Dabei halfen alle freudig mit, wovon manche größere Besitzer, Bürgermeister, Oberförster und Lehrer [waren]. Um die Erfahrungen der einzelnen Genossenschaft möglichst auch den anderen nutzbar zu machen, wurden alle Raiffeisenvereine des Bezirks in drei Verbände zusammengefasst, an deren Spitze besonders bewährte Männer gestellt wurden. Auch mit der Nachbarschaft wurde Fühlung genommen durch Anschluss an den Thüringer Raiffeisenverband mit dem Sitz in Erfurt und durch Wirken in Wort und Schrift.

In einem zu Naumburg gehaltenen (später im Druck erschienenen) Vortrag über Raiffeisensche Spar- und Darlehnskassenvereine, segensreiche Werkstätten christlicher Nächstenliebe habe ich meine Erfahrungen zusammengefasst.[19]

Weimar

Bibliotheklesungen, Wahl in den Landtag und Ernennung zur Landessynode führten mich oft und längere Zeit nach der Stadt Weimar. Ich habe mich trotz mancher Anregung dort nicht wohl gefühlt. Über die Gründe hierfür konnte ich mir zunächst keine befriedigende Rechenschaft geben. Die erwünschte Klarheit wurde durch die derbe Äußerung eines kritisch veranlagten Alt-Weimarers gebracht, der in lebhaftem Gespräch seine entschiedene Meinung folgenden Ausdruck gab: „Wir hier in Weimar schreiten nicht auf Goethe'schen Wegen rüstig vor, sondern wir latschen in Goethes Pantoffeln.“ Das Verhalten eines Beamten zwang mich ihn zu entlassen. Tags darauf begehrte er mich zu sprechen. Ich empfing ihn und legte ihm die Gründe der Entlassung dar, welche bittere Nachwehen nicht nur für ihn, sondern auch für seine zahlreiche Familie leider folgen mussten. Als er mein Zimmer verlassen hatte, brach er zusammen, warf einen geladenen Revolver von sich und vertraute meinem ihn ansprechen-

---

[19] Georg Eucken, Die Raiffeisenschen Spar- und Darlehnskassen-Vereine segensreiche Werkstätten christlicher Nächstenliebe, Neuwied 1897; vgl. dazu auch Suhr, Eucken, S. 67.

den Diener etwa folgende Worte an: „Ich wollte ihn erschießen, aber die Hand, mit der ich die Waffe versteckte, gehorchte nicht. Als ich die Überzeugung bekam, dass er durch meine Entlassung nur seine Pflicht getan hat.“

Der heimliche Souffleur fast aller menschlichen Handlungen ist der Egoismus

Die demokratische Partei der Stadt Frankfurt/Main forderte nach Miquels Abgange mich auf, für die Wiederbesetzung des Oberbürgermeister-Postens mich zur Verfügung zu stellen. Eine in Eisenach erschienene Partei-Abordnung suchte die Frage [?] möglich zu gestalten: Frankfurt habe das Recht, drei Personen dem König vorzuschlagen, dieses [?] einen aus der Dreizahl; zwei der Vorgeschlagenen würden regelmäßig aus Frankfurts Einwohnern genommen, die für die Ernennung unzweifelhaft nicht in Betracht kommen könnten, sodass tatsächlich nur der von der Stadt gewollte dem König empfohlen würde. Als solcher kam gemäß den Stärkeverhältnissen der Parteien entweder einen von den Demokraten oder einen von Nationalliberalen Gewählter in Frage. Als ich mein Erstaunen darüber aussprach, dass gerade die Demokratische Partei mich aufstellen wollte, antworteten sie: „Einen Demokraten bestätigt der König nicht, deshalb wählen wir als Gegenkandidaten gegen den Kandidaten der Nationalliberalen, Adickes, lieber einen Konservativen.“

Bekanntlich wurde Adickes zum Oberbürgermeister von Frankfurt gewählt.

Abschied aus Thüringen

Als die Stadt Kassel zu ihrem Oberbürgermeister mich gewählt hatte, lud der Großherzog Karl Alexander mich telegraphisch zu sich ein. Er hatte damals sein 70. Lebensjahr kurz vorher vollendet. Die erwähnte Wahl war ihm bekannt. Die Gründe, warum ihre Annahme mir erwünscht war, ließ er sich von mir darlegen. Dann stand er auf, umarmte und küsste mich, indem er sagte: „Ich bitte Sie, die schon angenommene Wahl doch noch abzulehnen, bleiben Sie bitte bei mir, so lange ich noch zu leben haben werde. In allen wesentlichen Fragen denke ich wie Sie, und wenn es zuweilen anders erscheint, so folge ich nur den Traditionen meines Landes."

Als der Großherzog seiner Bitte Versprechungen hinzufügen wollte, unterbrach ich ihn und bin im Land Karl Alexanders bis zu seinem Tode geblieben, den ich betrauert habe wie den Tod meines Vaters.

Gegensätze berühren sich

Im Weimarischen Landtage war von der Regierung beantragt worden, dass eine allgemeine Lotterie für das Staatsgebiet und für Rechnung der Staatskasse bewilligt werden möchte. Damals waren Georg von Rotenhan Präsident und ich Vizepräsident des Landtages (Rotenhan Oberkammerherr des Großherzogs, ich Bezirksdirektor der Eisenacher Unterlands). Wir waren uns darüber klar und hatten nur mit unseren politischen Freunden dahin geeinigt, dass wir die Vorlage der Regierung ablehnen wollten. Wir standen auf derjenigen Seite des Landtages, welche in dieser Frage anfänglich die Mehrheit war.

Rotenhan und ich betonten bei Vorbesprechungen, dass uns nichts Menschliches fremd sei, und dass wir in der Jugend auch gespielt haben, aber etwas anders sei es, die Verantwortung dafür zu übernehmen, dass das Glücksspiel Jedermann staatlich empfohlen werde, zumal, wenn diese Empfehlung lediglich zur Geldbeschaffung erfolge. Die Begründung komme darauf hinaus, dass der arbeitslose Gewinn, der Tanz ums goldene Kalb, staatlich abgestempelt werde, und dem können und wollen wir nicht zustimmen.

Die Regierung war sehr hartnäckig in Verfolgung ihrer auf Einrichtung der Lotterie gerichteten Ziele. Es trat eine lange Pause in den Landtagsverhandlungen darüber ein, veranlasst durch die Regierung, welche die Pause zur Beeinflussung der Landtagsmitglieder benutzte. Dabei fand eine schroffe Auseinandersetzung zwischen dem Minister von Groß und mir statt. Letzterer beteuerte heftig, dass ich als Regierungsbeamter bei einer so wichtigen Vorlage die Regierung nicht im Stich lassen dürfe. Ich antwortete, dass die Rechte des Ministers, in dieser Weise zu mir zu sprechen, an der Schwelle des Landtagsgebäudes ihr Ende erreichten; selbstverständlich werde ich gegen Regierungsvorlagen nicht agitieren, aber Vorschriften darüber, wie ich im Landtag abstimmen und meine Abstimmung begründen werde, lasse ich mir von Niemandem außer von meinem Gewissen machen.

Nach langer Verhandlungspause kam es zur Abstimmung im Landtag, dabei stimmten nur zwei von 44 Abgeordneten gegen die Vorlage, und zwar unter der größten Heiterkeit des Hauses. Die beiden Renitenten waren nämlich der einzige Sozialdemokrat des Landtages und ich, der einzige Staatsbeamte des Landtages. Zur Ehre Rotenhans füge ich hinzu, dass er nach dieser Differenz sich freundschaftlicher zu mir stellte als vorher.

Besuch bei Bodelschwingh

An einem sonnigen 8. Juli, Geburtsfest meiner Frau, fuhren wir in eigenem Wagen von Eisenach zunächst nach Ifta, um von dort eine mehrtägige Wagenfahrt bis Bielefeld zu machen, in dessen unmittelbarer Nähe die bekannten, aus freier [?] entstandenen Bodelschwinghschen Anstalten für körperlich, geistig und seelisch Hilfsbedürftige jeder Art, jeden Alters, jeden Geschlechts sich befinden. Unser Besuch galt nicht allein diesen Werken, sondern auch der Person des Kaspers von Bodelschwingh.

In seinen Werken konnte man ihn schon erkennen, aber die ganze Eigenart seiner Persönlichkeit offenbarte sich noch klarer während des mehrtägigen Zusammenseins. Die wunderbare Gewalt seines Wirkens, mit welcher er Tausende zu tätiger Hilfe im Sinne freiwilliger christlicher [?] mit sich reißt (damals hatten seine Anstalten bereits 800 Diakonissen), beruht nicht auf besonderem Geschick, nicht auf kluger Berechnung – er ist im Gegenteil eher weltfremd – sondern lediglich auf der Kraft und Treue und Sorgsamkeit, mit der er jeder Hilfsbedürftigkeit abzuhelfen sucht.

Und das Geheimnis seiner Erfolge liegt in dem vor nichts Halt machenden Freimut seiner Seele. Viele Beispiele davon traten uns in Bielefeld entgegen, Beispiele auch des denkbar größten Freimuts seiner Zöglinge gegen ihn. Am klarsten aber sprach er sich selbst darüber aus, indem er sagte: „In gewissem Sinne sind meine erbittertsten Gegner, die Sozialdemokraten, meine besten Freunde. Sie suchen und suchen wo immer sie nur einen Anhalt zum Angriff finden können und jeden auch den scheinbar geringsten Fehler, den sie entdecken, posaunen sie in alle Welt hinaus. Erfahre ich dadurch einen im Werksgetriebe unentdeckt gebliebenen Missstand der Anstalten, so ist nicht nur sofortige Abhilfe, sondern auch eine tiefe Dankbarkeit gegen die Ausposauner der Mitteilung mir eine Herzensangelegenheit."

Internationale Kapitalsherrschaft gab in jener Zeit abschreckendes Beispiel. Rockefeller (New York) unterbot die europäischen Petroleum-Kaufleute unterm Selbstkostenpreis. Von diesem lebte der bedeutendste in Rotterdam. Rockefeller ließ ihm sagen: „Wenn Sie ihren Markt behalten wollen, so müssen Sie auch unterm Selbstkostenpreise verkaufen und sind nach ½ Jahr bankrott, während ich alsdann noch große Barmittel besitze, den Petroleumspreis bedeutend erhöhe und meinerseits verdiene, was bisher Sie verdient haben." Europa erlag.

Kapitel 3: Aus der Reichshauptstadt, dem Ausland und dem Kriege (1902 bis 1918)

Zur Vorgeschichte meines Amtes

Als Fürst Bismarck schon erkannt hatte, dass bei der geographischen Lage Deutschlands dieses durch ein Schutzzollsystem zu wirtschaftlicher Blüte und Unabhängigkeit geführt werden müsse, waren viele Vertreter der Deutschen Bundesstaaten noch in unfruchtbaren Freihandelsdebatten gebannt. Unter diesen Vertretern befanden sich der Bayerische und der Oldenburgische Bundesratsbevollmächtigte. Diese beiden beehrte Bismarck mit seinem Zorn, den er in höchst charakteristischer Weise betätigte.

Den Bayern, welche nächst Preußen über die größte Stimmenzahl verfügt, allzu schroff entgegenzutreten, erschien nicht ratsam; deshalb rieb Bismarck sich mit diesem nur persönlich. Die Kaiserliche Regierung hatte den Wunsch ausgesprochen, dass bei diplomatischen Empfängen die Vertreter der deutschen Bundesstaaten gemeinsam mit den preußischen Ministern und den deutschen Staatssekretären auftreten möchten, während der damalige Bayrische Gesandte dies ablehnte und erklärte, dass er als Vertreter eines Souveräns in der Reihenfolge aller in Berlin beglaubigten Botschafter und Gesandten einschließlich der Außer Deutschen – nach dem [Zeitpunkt] der Beglaubigung – an den Kaiser- und Königshof gestellt werden müsse –

[?] zu den Preußischen Ministern und Deutschen Staatssekretären wesentlich in diplomatischen Beziehungen sich befinde.

Dieser Auffassung trat Bismarck lediglich dadurch entgegen, dass er mit dem damaligen Bayrischen Gesandten, obgleich er ihn täglich im Deutschen Bundesrate sah, ausschließlich in der damals üblichen Sprache der auswärtigen Diplomaten – also Französisch – verkehrte. Dem damaligen Vertreter Oldenburgs trat Bismarck schroffer entgegen. Oldenburg wurde zu jener Zeit durch den in vieler Hinsicht hervorragenden Bundesbevollmächtigten Selkmann, und zwar in vollem Einvernehmen mit seiner Regierung, vertreten. Bismarck schätzte den Einfluss Selkmanns hoch ein und beauftragte deshalb seinen Stellvertreter im Bundesrat, den Staatsminister von Bötticher, bei den nächsten Ausschusswahlen im Bundesrat dahin zu wirken, dass Oldenburg aus allen Ausschüssen hinauskommen, auch aus denjenigen, in welchen Oldenburg herkömmlicherweise Mitglied war.

Die alljährlichen Ausschusswahlen mussten in der nächsten Landratssitzung stattfinden und in dieser führte der soeben erst zum Obersekretär ernannte Herr von Böttiger zum ersten Male den Vorsitz. In Bewusstsein der verhängnisvollen Folgen des Bismarck'schen Auftrages bat Böttiger den Fürsten Bismarck schriftlich um Aufschub, indem er darlegte, dass er mit den Bundesratsgepflogenheiten noch nicht vertraut, gar zu leicht durch Ausführung des Bismarck'schen Auftrags folgenschwere Unstimmigkeiten in den Beziehungen der Deutschen Bundesstaaten zur Reichsverwaltung herbeiführen würde.

Bismarck schickte den Brief Böttigers diesem umgehend zurück und schrieb dabei an den Rand der Bemerkung Böttigers, wonach letztere den Bismarck'schen Auftrag gern bei dem nächstjährigen Ausschusstag, wenn er fest im Sattel seiner neuen Ämter sitze, ausführen würde: „Ganz verkehrt, mein lieber Böttiger, das müssen Sie sofort machen, jetzt kommt es auf mich, übers Jahr kommt es auf Sie, ich kann es tragen, Sie nicht."

Oldenburg wurde dann auch aus allen Ausschüssen hinausgebracht und ist lange Zeit darin unvertreten geblieben, auch als der Streit zwischen Freihandel und Schutzzoll längst im Bundesrate beendigt war. Erst dem freundlichen Entgegenkommen meiner Kollegen im Bundesrat verdanke ich es, dass Oldenburg seit 1905 wiederum in den meisten Bundesratsausschüssen vertreten ist. Ja, durch die in Übereinstimmung mit der Großherzoglichen Regierung gewonnene engere Fühlung mit allen nordwestdeutschen Bundesstaaten (zeitweise auch mit Mecklenburg und Anhalt) ist die Vertretung Oldenburgs im Bundesrat und in seinen Ausschüssen erheblich vermehrt worden.

In den Reichsämtern

Der frühere Regierungspräsident des an den Eisenacher Bezirk angrenzenden Kasseler Regierungsbezirkes, namens Rothe, hatte mich dem Staatssekretär des Inneren Grafen von Posadowsky[20] zur Übernahme sozialpolitischer Arbeit empfohlen. Dem Ruf dazu folgte ich 1902, etwa ein Jahr nach dem Tod des Großherzogs Karl Alexander. Meine Aufgabe war die, durch die erforderlichen Gesetzesmaßnahmen die Lücke zu schließen, welche in der Fürsorge für Arbeiter damals noch bestand. Dies Ziel wurde durch [?], dabei tat der alte Bebel (Führer der Sozialdemokraten) mir die Ehre an, im Reichstage öffentlich [?] vor mir, als Gegner der Sozialdemokratie, zu werden (vgl. Reichstagssitzungsprotokolle von 1902) eine Umarbeitung des Krankenversicherungsgesetzes erreicht.[21]

Nach Annahme des Gesetzes im Reichstag versuchten die verbündeten Regierungen, die langwierigen Arbeiten in der Kommission auch für die Ausführung des Gesetzes nutzbar zu machen. So kam ich dazu, alsbald einen Kommentar zu dem Gesetz herauszugeben (Guttentag'sche Sammlung deutscher Reichsgesetze Nr. 20).[22]

Auch die Privatversicherung fiel wegen ihrer sozialpolitischen Bedeutung in mein Arbeitsgebiet. Wegen dieses Teils meiner Tätigkeit

---

[20] Arthur von Posadowsky-Wehner (03.06.1845–23.10.1932), geboren in Groß-Glogau/Schlesien, 1887–1907 Staatssekretär des Reichsamts des Innern, gestorben in Naumburg (Saale), vgl. Hansjoachim H e n n i n g , *Art.* Arthur Adolf Graf von Posadowsky-Wehner, in: Neue Deutsche Biographie, Bd. 20, Berlin 2001, S. 646–647.

[21] Der Satz bleibt auch im Manuskript unklar, Eucken meint wohl, dass Bebel öffentlich von Eucken eine Umarbeitung des Gesetzes verlangt habe.

[22] Georg E u c k e n , Krankenversicherungsgesetz vom 15. Juni 1883, Berlin 1903; vgl. S u h r , Eucken, S. 69.

reiste ich im Auftrag Posadowskys und des Staatssekretärs des Auswärtigen Amtes von Richthofen[23] 1903 nach den Vereinigten Staaten von Nordamerika und später nach Frankreich und der Schweiz. Die Erinnerung an diese Arbeiten in den Reichsämtern ist eine ungetrübte: größte Anspannung aller Kräfte, liebevolles Eingehen auf alle berechtigten Wünsche des Volkes, sorgsame Pflege der bundesfreundlichen Beziehungen zwischen Reich und Einzelstaaten, Vertiefung in die daraus erwachsenden Aufgaben und gewissenhafte Ausführung bis zur Mustergültigkeit, auch in der Weiterbildung unserer unvergleichlichen deutschen Sprache.

Nordostseekanal und Reichspostdampfer

Eine schöne Eigentümlichkeit wird den Reichsämtern nachgesagt. Obgleich alle ihre Mitglieder mit verantwortungsreicher Arbeit überhäuft sind, entsteht doch niemals eine Verlegenheit, wenn die Aufgaben wachsen, vielmehr ist jedes Mitglied arbeitsfreudig bis zur Erschöpfung der Kraft.

Der Unterstaatssekretär im Reichsamt des Inneren hatte eine Verfügung entworfen, wonach die Bauaufsicht über den Nordostseekanal und über die Reichspostdampfer-Linien mir übertragen werden sollte, unter Abgabe meiner sonstigen Referate. Dieser Entwurf wurde vom Staatssekretär des Inneren unterzeichnet, und zwar mit gleich-

[23] Oswald von Richthofen (13.10.1847–17.01.1906), geboren in Jassy (heute Iasi/Rumänien), 1900–1906 Staatssekretär im Auswärtigen Amt, gestorben in Berlin; vgl. Deutsche Biographie, https://www.deutsche-biographie.de/pnd116530200.html (zuletzt abgerufen am 23.07.2022).

zeitiger Beifügung der Worte „unter Abgabe [?] seiner sonstigen Referate“. Wegen dieses Vorganges wurde ich nicht etwa bedauert, sondern eher beneidet. Es folgten wiederholte Bereisungen des Nordostseekanals, [?] Beziehungen zu den Schifffahrtskreisen der Hansestädte und dadurch eine bedeutungsvolle Begegnung mit dem seefahrenden Großherzoge Friedrich August von Oldenburg im deutschen Schulschiff-Verein.

Amerikanisches

Die Vereinigten Staaten von Amerika waren das Ziel einer 1902 unternommenen Reise. Über Land und Leute ist nicht viel zu berichten. Zwei charakteristische Erlebnisse waren die folgenden:

Eine mit vielen Millionen arbeitende Versicherungsgesellschaft hatte in Erfahrung gebracht, dass eine außerordentliche Gesandtschaft von Berlin nach New York (dem Sitz der Gesellschaft) unterwegs sei. Sie wussten es so einzurichten, dass auf demselben Dampfschiff, auf welchem die Deutschen den Ozean überquerten, auch einer der Gesellschaftsdirektoren aus New York hinüberfuhr. Schon nach dreitägiger Fahrt hatte der Amerikaner mit dem jüngsten Mitglied unserer deutschen Abordnung Fühlung genommen. Nach viertägiger Seefahrt erfolgte durch Inanspruchnahme der Vermittlung eben dieses jüngsten Mitgliedes ein außerordentlich verlockendes und trotzdem sympathisches Anerbieten dahin, dass die deutsche Abordnung nach dem Abschluss unserer Arbeiten in die Vereinigten

Staaten von Amerika Gäste der erwähnten Versicherungsgesellschaft in einem für drei Wochen und zur Verfügung gestellten Luxuszug werden möchten. Obgleich uns versichert wurde, dass das Anerbieten nach amerikanischen Begriffen lediglich ein Akt der Gastfreundschaft sein solle, lehnten wir gemäß den deutschen Begriffen das Anerbieten selbstverständlich ab.

Wenn in der alten Welt durch eine hohe Bewertung der ehrlichen Arbeit angetroffen wird, so gilt darüber hinaus in der neuen Welt fast uneingeschränkt der Grundsatz: „Ehrliche Arbeit adelt". Bei der vorgenannten Abordnung befand sich ein Rittergutsbesitzer aus Pommern. Bei unserer Ankunft in [?], dem [?] New Yorks, sah ein Gepäckträger den Pommern, schritt eilends durch die Menge auf ihn zu, nahm sich mit größtem Eifer des Gepäcks von uns Deutschen an und sorgte wie selbstverständlich für und bis zur Abfahrt unseres Wagens vom Hafen nach der Stadt. Mein Pommerscher Begleiter, welchem offenbar der Eifer des Gepäckträgers galt, frug diesen, ob er ihn kenne. Darauf der mit ernster Miene an unserem Wagen stehende Gepäckträger: „Erinnern sie sich nicht, Herr von Knebel, dass ich vor sechs Jahren Ihren Gutsinspektor übernommen habe?" Der Gepäckträger war der Gutsnachbar meines Begleiters gewesen, hatte durch Bürgschaftsübernahme sein gesamtes Hab und Gut verloren, war aber ein mutiger Mann geblieben, dessen ehrliche Arbeit die Mitmenschen dort die verdiente Anerkennung zollen, ohne nach der Vergangenheit zu fragen.

Reise-Ergebnis: „Reiche Schätze auf der Erde schuf des weisen Schöpfers Hand, doch das Schönste, das sein [?] mir gab, ist mein Heimatland.“

Die Schweiz, Oberitalien, Holland, Belgien, England und Frankreich

In dienstlichen Missionen und außerdienstlich, letzten falls stets gemeinsam mit meiner Frau, besuchte ich die sechs genannten auswärtigen Länder sowie das engbefreundete und deshalb zum Ausland in diesem Sinne nicht zugehörende Österreich. Von allen Landstrichen, Begegnungen und Erlebnissen mit ihrer Vielfältigkeit und Reichhaltigkeit, vermag ich nur wenige Einzelheiten herauszugreifen, da sie alle doch minder bedeutungsvoll erscheinen, als die auf Reisen in Deutschland erfolgten Eindrücke, Begegnungen und Erlebnisse.

Nur der nachstehenden Erinnerung sei hier gedacht: Meine Frau und ich kamen auf einer Fußwanderung von Lully [?] in das Chamonix-Tal. Wir suchten gespannt unter den schneebedeckten Alpenriesen den Mont Blanc. Bei einer Wendung des Weges eröffnete sich unseren unvorbereiteten Augen der herrlichste Ausblick, den wir je genossen haben. Die Sonne des Spätnachmittages beschien den höchsten Gipfel der vor uns sich ausbreitenden Bergkette. Die Kuppe erschien goldbestrahlt. Unter dem Gipfel hing am Berge, luftig und durchsichtig eine große weiße Wolke. Durch diese hindurch nach der leuchtenden Spitze des Mont Blanc aufzublicken, erschien uns etwa so wie ein Blick in den geöffneten Himmel.

Oldenburgs Gesandter am Kaiserhof und im Bundesrat

1905 wurde mir dies Amt von der Oldenburgischen Staatsregierung angeboten und nach einer Unterredung mit dem Großherzoge Friedrich August und seinen Ministern in Rastede von mir angenommen. Da diese Unterredung zu einem sehr freundlichen Verhältnis zwischen dem Großherzog und mir geführt hat, so sei folgender Auseinandersetzung gedacht: Man hatte beschlossen, zum Antritte des neuen Amtes mir den höchsten Landestitel („Wirklicher Geheimer Rat") mit dem Prädikat „Exzellenz" zu verleihen und dem Landtag alsbald eine Vorlage zur Erhöhung des Gesandten-Gehalts zu machen. Dagegen protestierte ich mit der Bitte, aus diesem Protest nicht auf eine gewohnheitsmäßige Oppositionslust bei mir zu schließe.

Ich führte etwa Folgendes aus: Es sei weder Bescheidenheit noch Selbstlosigkeit, wenn ich den Wunsch habe, dass die beiden zu meinen Gunsten geplanten Absichten fallengelassen werden möchten. Da ich noch keine Gelegenheit gehabt habe, dem Land zu dienen, sei weder die Titelverleihung noch die Gehaltserhöhung gerechtfertigt, würde vielmehr dem Großherzog und seine Ministern Vorwürfe einbringen und mir peinlich sein. So dankbar ich für die mir von vornherein entgegengebrachte Gesinnung sei, so könnte ich mich doch über die geplante Absicht nicht freuen, bevor ich sie nicht durch erfolgreiche Dienste für das Land begründet haben würde. Die Minister, besonders der Finanzminister schienen angenehm enttäuscht zu sein; und der Großherzog bat mir seine Freundschaft an, die wir beide treu gehalten haben.

Echt französisch

Ein vortragender Rat aus dem Handelsministerium in Paris hatte gleichzeitig mit mir eine diplomatische Mission in den Vereinigten Staaten von Nordamerika. Es handelte sich um internationale Beratungen über Ringbildungen (Syndikate, Truste) unter Beteiligung des Handelsministers Cortelgen [?] und seines Unterstaatssekretärs Garfield (Sohn des ermordeten Präsidenten Garfield). Insbesondere wurden über die angebliche Sicherheit amerikanischer Wertpapiere Erörterungen gepflogen, die umso berechtigter erschienen, als viele große Gesellschaften ihre Gelder gegenseitig in Wertpapieren anlegten, z.B. der Bewein'sche [?] Eisenbahn-Trust in Wertpapieren des Pierpont [?] Morgan'schen Schifffahrt-Trustes und umgekehrt. Bei allen diesen Verhandlungen wurde unter der Heiterkeit der Teilnehmer beobachtet, dass, sobald ich das Wort ergriff, unverzüglich jener kleine Franzose mit Stimme und Gebärde sich zum Wort gleichfalls meldete. In Washington wurde über diesen Ausfluss nationaler Eitelkeit herzlich gelacht. Den Gipfel der Komik erreichte es aber, als bei einer photographischen Aufnahme der ganzen Versammlung Monsieur Tardi größer scheinen wollte als er war. Er hatte das Unglück, bei der

Aufstellung durch den Photographen unmittelbar vor den deutschen Delegierten aufgestellt zu werden und fast einen Kopf kleiner war als ich. In dem Augenblick, als der photographische Apparat zur Aufnehme geöffnet wurde, erhob das Französlein sich auf die Fußspitzen so hoch wie möglich, etwa wie eine Ballett-Tänzerin sich erheben kann, um nur hier nicht kleiner zu erscheinen als der Vertreter Deutschlands. Und dabei sagen die Franzosen so stolz: „Plus etre que paraitre“[24].

Zentralausschuss für Innere Mission und deutscher Kriegerbund

Die Mitarbeit in diesen beiden Körperschaften (seit 1902) hat viel Befriedigung und noch viel mehr Anregung mir gewährt. So verschiedenartig beide zu sein scheinen, so bestehen solch innige Verbindungslinien; diese hat der Krieg wunderbar herausgearbeitet mit seiner Forderung: „Gebet dem Kaiser, was des Kaisers ist, und Gott was Gottes ist“. Der greise Feldmarschall von Moltke hat Recht gehabt, als er im Deutschen Reichstag auf Abrüstungsanträge seiner Zeit antwortete: „Der ewige Friede ist nur ein Traum und nicht einmal ein schöner Traum. Denn der Krieg weckt und fördert die edelsten menschlichen Eigenschaften, wie Vaterlandsliebe, Tapferkeit, Opferfreudigkeit, Nächstenliebe (Kameradschaft), Gottesfurcht, treu bis in den Tod.“

---

[24] Französisch für: Mehr Sein als Schein.

Beim Antritt des Gesandtschaftsamtes war eine unerwünschte Zugabe die Anforderung an große Geselligkeit oder vielmehr an die Geselligkeit der sogenannten großen Welt. Sowohl meine Frau als auch mir lag nach überstandenen Krankheiten und Sorgen der Wunsch nahe, von der Berliner Geselligkeit tunlichst fernzubleiben. Aber der Großherzog bat, seine Vertretung durch jenen Wunsch nicht beinträchtigen zu lassen, zumal Oldenburg durch nahe verwandtschaftliche Beziehungen zum Hohenzollernhaus und durch weitverzweigte Interessengemeinschaft mit Preußen (Wilhelmshaven-[?], Eisenbahnbetriebs Gemeinschaft, Landeskultur und Viehzucht, Heeresgliederung) einer vielseitigen Einflussnahme in der Reichshauptstadt bedürfe. Wie haben der Bitte des Großherzogs entsprochen.

Die Erlebnisse in der großen Welt haben uns innerlich nicht wesentlich bereichert. Gedacht sei aber zweier herzerquickender Stellungnahmen der Kaiserin Augusta Viktoria, die [sie] in ihrer vorbildlichen Landesmütterlichkeit zeigen. An einem 27. Januar, Geburtstag des Kaisers Wilhelm II., sagte die Kaiserin in Bezug auf Eda, die zu jener Zeit Diakonissin zu Bethlehem in Hamburg war: „Ich wüsste nicht, dass Ihre Tochter, dadurch, dass sie so jung schon einem so ernsten Beruf sich widmet, gegenüber den Töchtern unserer Gesandten und Minister zurücksteht. Zwar verschmäht sie unsere Hoffeste, was bei ihrem Beruf verständlich ist. Aber vielleicht gibt sie mir keine Absage, wenn ich sie allein zu mir bitte. Sobald sie im Urlaub bei

Ihnen ist, bitte ich um eine Mitteilung“. So geschah es, und zwar zu Ostern desselben Jahres, und unmittelbar nach der Mitteilung schickte die Kaiserin nach Eda, die einen glücklichen Nachmittag bei ihr verlebte.

Zur silbernen Hochzeit des Kaiserpaares hatte das Plenum des Bundesrates sich in das Berliner Stadtschloss begeben, in dessen Thronsaal ein feierlicher Empfang durch beide Majestäten stattfand. Den Segen des Bundesrates übermittelte in sehr herzlicher Weise die Glückwünsche der deutschen Bundesfürsten und der [?] der Hansestädte, Darauf der Kaiser: „Ich bitte alle anwesenden Herren, ihren Souveränen den innigsten Dank seitens der Kaiserin und meinerseits zu übermitteln. Wenn wir in dem verflossenen Vierteljahrhundert bei unserer Arbeit für Deutschland Wohlfahrt und Ehre die freundschaftlichen Beziehungen zu allen deutschen Ländern und Hansestädten geknüpft und gepflegt haben, so seien Sie überzeugt, meine Herren, dass wir in den jetzt folgenden 25 Jahren die Arbeit…“ Hier unterbrach, ganz leise, aber von mir deutlich gehört, die Kaiserin ihren Mann mit den Worten: „Aber Wilhelm!“ Fortfahrend in seiner Rede verbesserte sich der Kaiser und sagte: „… dass wir in den folgenden 25 Jahren, wenn Gott sie uns schenken wolle, die Arbeit umso tatkräftiger und hoffentlich erfolgreicher gestalten werden.“

Der 1914 begonnene Krieg hat bewiesen, wie töricht die Leute waren, welche ihr Streben, dem Handel alle Bahnen freizuhalten, nicht genügend durch Berücksichtigung der geographischen Lage Deutschlands beeinflussen ließen. Wenn solche Männer in den mittleren Bundestaaten ihr Wesen trieben (z. B. Minister Rothe in Weimar) so konnten die durch geeignete Maßnahmen der Reichsverwaltung unschädlich gemacht werden. In der letzteren war der Graf von Posadowsky, der in seinen besten Tagen jenen kurzsichtigen, durch ihr Kleben am Amt zur öffentlichen Gefahr gewordenen Männern sein überwiegendes Gegengewicht entgegenstellen. In späteren Jahren fiel leider Posadowsky vollständig um und musste die nur durch aus äußeren Gründen gebrachten Opfer seiner besseren Einsicht durch den jähen Sturz aus seinem hohen Amt mit Fug und Recht bezahlen.

Sein Nachfolger Delbrück[25] hat solche Wandlung nicht durchgemacht, sondern ist den freihhändlerischen Neigungen, die er aus dem Handelsministerium mitbrachte, innerlich so treu geblieben, dass – ehe der Krieg ihn ein Zugeständnis nach dem anderen für die wirtschaftliche Lage Deutschlands [abverlangte] – der Reichstagsabgeordnete Graf Kaunitz durch den nach ihm benannten Antrag schon in den 1890er Jahren charakterisiert: Deutschland, von Neidern und Feinden umgeben, hat eine so geringe Küstenentwicklung und liegt

[25] Clemens von Delbrück (19.01.1856–17.12.1921) geboren in Halle an der Saale, 1909–1916 Staatssekretär des Reichsamts des Innern, gestorben in Jena; vgl. Gerhard A. Ritter, *Art.* Clemens von Delbrück, in: Neue Deutsche Biographie, Bd. 3, Berlin 1957, S. 575–576.

mit seinen wenigen Flussmündungen an so geschlossenen Meeren, Nord- und Ostsee, dass eine Blockade durch unsere Gegner uns leicht von auswärtiger Zufuhr abschneiden kann. Deshalb ist keine Macht mehr als das Deutsche Reich darauf angewiesen, im Inland alles zu produzieren, was zur Volksernährung und Landesverteidigung erforderlich ist.

Zu diesem Zweck muss nirgends mehr als in Deutschland alles auf die Kraft und Unabhängigkeit des Inlandsmarktes abgestellt werden. Dies geschieht am sichersten durch solche Maßnahmen, welche darauf abzielen, den inländischen Gütererzeugern nicht etwa hohe Preise, sondern mittlere, aber stetige Preise zu gewährleisten. Solche Sicherstellung würde einen wertvollen Kreislauf insofern bilden, als bei auskömmlichen und gesicherten Preisen auch auskömmliche und gesicherte Löhne würden gezahlt werden, und als bei solchen Löhnen ein guter und stetiger Arbeiterstand bestehen würde. Die Weltgeschichte zeigt, dass Agrarstaaten mit ihrer Anbindung zu Industriestaaten den Keim zu ihrem Untergang gelegt haben. Deutschland wird das erste Beispiel in der Weltgeschichte für die unbesiegbare Kraft eines solchen Staates bilden, der zu gleicher Zeit Agrar- und Industriestaat ist, wie es im jetzigen Weltkrieg der Fall.

Scheinkönigtum in England

Zur Krönung des Königs Georg von England war Großherzog Friedrich August von Oldenburg nach London eingeladen worden und hatte mich zu seiner Vertretung dorthin entsandt. König und Königin machten einen sympathischen, die Königin auch einen klugen Eindruck. Der Minister Grey, welcher die Abgesandten einführte, erschien schon damals fast allen Gästen als ein Machiavelli. Viele oft genannte Persönlichkeiten waren zugegen. Neben dem aufgeblasenen englischem Kriegsminister Kitchener [?] sah ich die bescheidenen japanischen Heerführer und Flottenchef Nogi und Toge. England hatte alle Mittel aufgeboten, um die nach altem Herkommen überaus feierliche Königskrönung so glänzend als möglich zu gestalten. Aber alle Äußerlichkeiten vermochten nicht darüber hinwegzutäuschen, dass das Ganze nur eine inhaltslose Form war, eine historische Reminiszenz. Der König von England ist seit langer Zeit das machtlose Werkzeug in der Hand des Parlaments.

Dieser Auffassung widerspricht der Einfluss nicht, welchen unzweifelhaft König Edward VII. in England besaß; es hatte sicherheitshalber in den Dienst der [?] als seiner [?] gestellt, verfügte über weitverzweigte persönliche Beziehungen und war ein Geistesverwandter des von ihm berufenen Ministers Grey, seine Bedeutung war eine persönliche, er stellte das Königtum in seinen Dienst, aber es war nicht das Königtum, welches durch seine Person regierte. Der Regent Englands ist das Parlament, im Grunde also eine stets wechselnde Mehrheit. Diese bekannte Tatsache fand einen prägnanten Ausdruck bei der Königskrönung: Der vor dem König in der Krönungskirche (Westminster-Abtei) erschienene Sprecher des Parlaments erschien in einem feierlichen Zug, bei welchem ein Szepter vorausgetragen wurde. Das Szepter, das Zeichen der Macht, wurde vor dem Platze des Sprechers, allen sichtbar, angebracht. Als der König die Abtei betrat, wurde das Szepter des Sprechers mit einem leichten Tuch bedeckt und nach der Feier, nach welcher der König als Erster die Kirche verließ, sofort wieder freigelegt. Diese symbolischen Handlungen zeigen einen unzweideutigen Sinn, nämlich den, dass neben dem König das Parlament von Rechtswegen regiert und nur nach außen hin nicht hervortritt, wenn der König zugegen ist.

Das ist nach deutscher Auffassung ein Scheinheiligtum, wovon die Alten sagen: [griechischer Text].

Die größte Offenheit ist die größte Klugheit

Bei Gelegenheit eines Hofballes frug der Kaiser mich unvorbereitet und unerwartet um Auskunft über eine Oldenburgische Angelegenheit, bei deren Erledigung äußerste Vorsicht geboten war. Ich antwortete, dass ich bitte, hier zwischen Tür und Angel mir die Antwort erlassen zu wollen. Der Kaiser, in höchstem Grad erstaunt, sagte, dass es ihm noch nicht vorgekommen sei, dass ein Gesandter an seinem Hof ihm Antwort verweigere. Ich erwiderte, vollkommen ruhig, dass von einer Antwortverweigerung keine Rede sein könne, im Gegenteil, wenn ich die Bitte ausgesprochen habe, nicht an diesem unruhigen Ort die gewünschte Auskunft in einer so schwierigen Angelegenheit geben zu müssen, so sei mein Beweggrund gerade der entgegengesetzte, nämlich dass durch erschöpfende, wohl überdachte und durch Beweismittel einwandfrei begründete Antwort die letztere so klar zu erteilen, wie es im Augenblick und bei der und umgebenden Menge nicht möglich sei. Der Kaiser war sofort beruhigt, reichte mir die Hand und forderte mich auf, ihn den gewünschten Zeitpunkt wissen zu lassen.

Schon am folgenden Tag meldete ich mich zur Audienz und hatte am Schluss derselben die den Kaiser ehrende Genugtuung, dass er die Unterredung mit den Worten beschloss: „Ich danke Ihnen für die Auskunft. So offen, wie Sie jetzt unter vier Augen gesprochen haben, war es allerdings gestern bei den uns rings umstehenden Menschen nicht möglich.

Nicht jeder Umfall ist ein Damaskus

In der Reichstagskommission zur Beratung des Entwurfes eines Erbschaftssteuergesetzes wurden die Vertreter der Regierungen, besonders der Preußischen, scharf angegriffen, weil sie vor noch nicht langer Zeit eine Erbschaftssteuer für das Reich abgelehnt und trotzdem jetzt eine solche in Vorschlag gebracht hatten. Der Preußische Bevollmächtigte erklärte, dass der Ministerpräsident Fürst Bülow anderen Sinnes gewesen; er habe in dieser vielerörterten Angelegenheit sein Damaskus erlebt.

Unmittelbar darauf trat ein gewandter Parteiführer auf und hielt folgende treffende Worte dem Vorredner entgegen: „Der Umfall des Fürsten Bülow war kein Erlebnis, das mit dem biblischen Damaskuserlebnis auch nur die geringste Ähnlichkeit besitzt. Als Saulus bei Damaskus den Heiland innerlich erkannte, wurde er aus tiefinnerster Überzeugung ein anderer, aus Saulus wurde ein Paulus, ein völlig anderer Mensch in seinem Inneren. Fürst Bülow aber lässt ausdrücklich erklären, dass er noch ein überzeugter Gegner einer Reichserbschaftssteuer sei. Gleichwohl schlägt er diese vor. Das ist kein Damaskus."

Niemals kann ein Minister eine Vorlage von Bedeutung durchbringen, wenn es für sie nicht aus tiefster innerer Überzeugung eintreten kann, mag es noch so große rednerische Begabung besitzen! Goethe sagt treffend: „Wenn ich's nicht fühle, ihr werdet's nicht erjagen, wenn es nicht aus der Seele dringt und mit urkräftigem Behagen die Herzen aller Hörer zwingt."

Mittelstandspolitik

Der römischrechtliche Eigentumsbegriff enthält eine verhängnisvolle Heiligsprechung des Egoismus. Unsere deutschen Vorfahren hatten einen Eigentumsbegriff, der mehr dem Schutz der Gesamtheit (Familie, Flurgenossenschaft usw.) [?] nicht ausschließlich oder überwiegend der einzelnen Person als Vermögenssubjekt zu dienen geneigt war. Leider hat der römischrechtliche Eigentumsbegriff in allen Kulturländern gesiegt, während die deutschen Rechtsbildungen zum Schutz und zur Förderung der „gesamten Hand“ (Beispiel: die Allemania) nur in Ansätzen übriggeblieben sind und eine wesentliche Weiterentwicklung nicht erfahren haben.

Diesen Vorgängen ist es zuzuschreiben, dass allmählich ein Häuflein allzu Reicher und die ungezählte Masse der allzu Armen entstanden und in unabwendbarer Folge zueinander in Gegensatz geraten sind, die goldene und die rote Internationale. Diese beiden gegensätzlichen Richtungen haben, so unglaublich es zu sein scheint, tatsächlich eine enge Verbindung, sind sogar Bundesgenossen, wenn es sich um die Bekämpfung desjenigen handelt, was von ihnen beiden gleichmäßig gehasst wird. Dieser gemeinsame Feind des Kapitalismus und des Sozialismus ist das Christentum. Letzteres aber ist im deutschen Mittelstand eine lebendige Kraft, und deshalb bildet der Mittelstand den Gegenstand heftigster Bekämpfung seitens der beiden Richtungen. Er führt einen schweren Kampf dieser in weiten Kreisen Deutschlands, besonders im Bauern, Handwerke und gleichgearteten Stande glücklicherweise vorhandene Geist des Christentums, einen Kampf nach zwei Fronten. Wenn der Mittelstand sich retten [?] aus der Umklammerung des Kapitalismus, so verfällt er der Versuchung des Sozialismus, bisher aber, Gott sei Dank, ohne den beiden mächtigen Gegnern unterlegen zu sein.

Im Gegensatz zu dem internationalen Charakter seiner Gegner hat der Mittelstand ausgesprochen nationales Gepräge. Daraus ergibt sich vom Standpunkt der Staatskunst die unbedingte Notwendigkeit einer Erhaltung und Pflege des Mittelstandes. Mit letzterem steht und fällt der Staat. Deshalb ist jede Maßnahme in Gesetz und Verwaltung daraufhin zu prüfen, welche Einwirkung sie auf den Mittelstand haben wird.

Die sogenannten Novembertage

Wenige Jahre vor dem Ausbruch des Weltkrieges hat unser treues deutsches Vaterland eine schwere Krise durchzumachen gehabt, meines Erachtens zufolge eine [?] des Reichskanzlers Fürsten Bülow gegenüber dem Kaiser. Dieser hatte ohne die „ministeriellen Bekleidungsstücke" die Öffentlichkeit durch Wort und Schrift zu beeinflussen gesucht. Darüber bestand in vielen Kreisen eine Missstimmung.

In folgendem Fall aber verfuhr der Kaiser einwandfrei korrekt: Eine Denkschrift über auswärtige Beziehungen wünschte er veröffentlicht zu sehen, gab sie dem Reichskanzler zur Prüfung und erhielt sie von diesem mit dem Vermerk zurück, dass gegen die Veröffentlichung nichts einzuwenden sei. Die Denkschrift erschien bald darauf in allen Zeitungen. Und nun erhob sich ein gewaltiger Sturm, weil die Veröffentlichung dem deutschen Interesse geradewegs zuwiderlief. Es fanden vielseitige und heftige Erörterungen in Presse, Versammlungen und Parlamenten statt. Fürst Bülow ließ der Welt verkünden, dass er die Wiederkehr solcher Veröffentlichungen verhindern und vom Kaiser sich Garantien gegen dessen Einflussnahme auf die Öffentlichkeit geben lassen werde. Er fuhr an einem trüben Novembertag zum Kaiser nach Potsdam mit der öffentlich kundgegebenen Absicht, am folgenden Tag dem Reichstag in öffentlicher Sitzung das Ergebnis seiner Rücksprache mit dem Kaiser mitzuteilen. Letzteres geschah. Und nun stellte sich heraus, dass Bülow die Denkschrift überhaupt nicht gelesen, sondern einem Legationsrat zur Prüfung übergeben und lediglich auf dessen Gutachten hin dem Kaiser gemeldet hatte, dass die Veröffentlichung unbedenklich sei. Aber statt zu bekennen, dass er die Schuld trage, gab er die dem Kaiser abgerungenen Erklärungen zur Kenntnis, wonach der Kaiser versprach, immer konstitutionell regieren zu wollen.

Es war so leicht, den richtigen Ton zu treffen, mit einem einzigen omnia mea culpi[26] hätte Fürst Bülow den Kaiser geschützt und sich selbst geehrt! Aber er fand diese selbstverständliche, der Wahrheit entsprechende Lösung nicht, sondern übernahm unbegreiflicher Weise vor aller Welt die Rolle eines Erziehers seines Kaiserlichen Herren. Als Fürst Bülow nach seiner Rede den Reichstag verließ, hatte ich die Empfindung, dass er den Kaiser verraten und auf dessen Kosten sich selbst als Retter des Vaterlandes hingestellt hatte. Ich habe darauf dem Fürsten Bülow niemals wieder die Hand gereicht.

---

26 Lateinisch für: Alles meine Schuld.

Kriegserklärungen 1914

Der erinnerungsreichste Tag meines Lebens ist der 4. August 1914. Alle diplomatischen Versuche, den Weltkrieg zu verhindern, waren gescheitert, England betrieb den Krieg gegen Deutschland, Russland folgte und Frankreich antwortete auf die deutsche Anfrage, ob die deutsche Westgrenze im Fall eines Deutsch-Russischen Krieges unbehelligt bleiben werde, dass Frankreich so handeln werde, wie es es für vorteilhaft halten würde. Das war einer Kriegserklärung gleich. Reichskanzler von Bethmann Hollweg legte uns im Bundesrate die gesamten Vorgänge dar, und der Bundesrat beschloss einhellig den Krieg, dessen weltumspannender Umfang uns und auch den Auftraggebern ebenso bewusst war wie dem ganzen deutschen Volk. Mit tiefem Ernst aber voller Zuversicht – ohne Hurra-Stimmung aber im Vollbewusstsein der Kraft und der gerechten Sache – begann das deutsche Volk sich zu rüsten gegen eine Welt von Feinden, unterstützt anfänglich nur durch Österreich-Ungarn mit seiner hauptsächlich deutschen Bevölkerung. Auch im Reichstag schien eine ähnliche Einigkeit zu bestehen: Bundesrat und Regierung wurden vom Kaiser feierlich empfangen, wobei der Kaiser die Vertreter der deutschen Regierungen und des deutschen Volkes aufforderte, nunmehr ihm als obersten Kriegsherren „durch dick und dünn, durch Not und Tod" zu folgen, das deutsche Gewissen sei rein gegenüber dieser Welt, wie in einem ähnlichen Deutschland noch nie zu bestehen hatte; und deshalb werde unser Vaterland unbesiegbar sein. Die bei diesem Empfange von allen Seiten zum Ausdruck gebrachte Übereinstimmung schien einer Erhöhung nicht fähig. Und dennoch bildete die unmittelbar danach einsetzende Reichstagssitzung eine Steigerung. Die Zerklüftung des deutschen Parteitages schien mit einem Schlage geebnet, ausnahmslos waren Alle geeint, auf die Frage der verbündeten Regierungen nach Bewilligung der zur Kriegsführung erforderlichen Mittel erhoben sich sämtliche Abgeordneten, sodass der Reichstag ein bis dahin noch nie dagewesenes Abbild der Einigkeit Deutschlands bot.

Heeres- oder Gesandtschaftsdienst

Schwert oder Feder? Ich wählte kurz entschlossen Ersteres, als im August 1914 die Frage an jeden wehrfähigen Deutschen herantrat, stellte mich deshalb der Heeresverwaltung zur Verfügung, wurde am 12. August 1914 beim 1. Garde-Feldartillerie-Regiment eingestellt, am 23. August 1914 nach dem westlichen Kriegsschauplatz berufen und seit 4. Oktober 1914 zum Abteilungskommandeur einer Munitionskolonnen-Abteilung mit einer zwischen vier und zwölf wechselnden Anzahl von Munitionskolonnen ernannt. Gleichzeitig mit mir stehen meine drei Söhne Udo, Wilko und Heinrich im Feld und auch meine Frau und meine Töchter betätigen sich gemäß den Anforderungen des Krieges, Eda als Pflegerin in einem Kriegslazarett, Thilde und Almuth als Bewahrerinnen von Addenhausen, das für verwundete Matrosen zur Verfügung gestellt wurde, Thilde noch besonders durch Begründung und Betreuung vaterländischer Frauenarbeit in der Heimat.

[?] eine ernste Frage, ob meine Pflicht mich in das Heer oder in den Bundesrat rief. Wenn ich diese Frage so, wie geschehen, durch die Tat beantwortet habe, so bestand und besteht darüber volles Einvernehmen mit dem Großherzoge Friedrich August. Dieser ist, gleich mir, der Ansicht, dass in diesem heiligen Kriege Deutschlands jeder Waffenfähige, der den Heeresdienst erlernt hat, der Front gehört, und dass in der letzteren ein im höchsten Grad verantwortungsreicher Posten mir, dem Sechzigjährigen, anvertraut worden ist, dafür bin ich von ganzem Herzen dankbar. Was ich im Felde leisten konnte und jetzt noch zu leisten mich bemühe, ist winzig gegenüber dem, was die Kriegsteilnahme an innerem Reichtum mir gebracht hat.

Im August 1916 trat ich auf dringenden Wunsch des Großherzogs in den Bundesrat wieder ein.

Die Treue des Großherzogs Friedrich August

Durch ein Telegramm meldete sich der Großherzog bei meiner Frau und mir zum Frühstück an mit dem ausdrücklichen Bemerken, dass er ganz alleine komme. Als wir zu dritt am Tisch saßen, nahm in einer Unterhaltungspause der Großherzog das Wort zu folgender Äußerung gegen mich: „Man hat Sie bei mir verklatscht, und zwar sehr derb.“ Nach einer kurzen Zeit allseitigen Schweigens fuhr er fort: „Die Stelle, welche Sie bei mir verklatscht hat, ist eine sehr hohe.“

Da ich hierauf nichts erwiderte, fügte der Großherzog weiter hinzu: „Es handelt sich um eine Stelle, die mir im Rang gleich ist.“ Ich antwortete, dass Klatschereien in allen Kreisen vorkommen und dass ich mich dadurch nicht im Mindesten beunruhigt fühle. Darauf der Großherzog: „Da Sie gar nicht fragen will ich Ihnen ungefragt auch mitteilen, was ich dem Verleumder geantwortet habe. Ich sagte ihm, dass die besten Maschinen, ja gerade die am feinsten gearbeiteten, zum Stillstand schon dadurch gebracht werden können, dass nur ein Staubkorn sich in die Maschinenteile setzt; dies Staubkorn sei die gegen Sie erhobene Verleumdung, und indem ich dies Staubkorn entferne, sei die Gangbarkeit wiederhergestellt.“

Ich stand auf, trank mein Weinglas auf das Wohl des Großherzogs aus und warf das Glas hinter mich zur Erde. Damit war die Klatscherei für immer erledigt.

Alle Mann an Deck

So lautete im August 1914 der Ruf zu Wasser und entsprechend zu Lande. Eine herzerhebende Wiederholung dessen, was vor einem Jahrhundert sich ereignet hatte. „Der König rief und Alle, Alle kamen.“ Erscheinungen wie die, dass ein graubärtiger Vater mit seinem blutjungen Sohn Arm in Arm, gemeinsam und Schulter an Schulter im gleichen Regimente gegen den Erbfeind auszog, beleuchteten die Tage. Es war ein förmliches Drängen zur Front, aber fern von jedem Abenteurertum; ein junger Student, dem bei der Musterung gesagt wurde, seine Brust sei zu schmal, antwortete: „breit genug für eine feindliche Kugel oder für das Eiserne Kreuz“.

In ähnlicher Richtung bewegten sich auch zwei Erlebnisse in der Kaserne das I. Garde-Feldartillerie-Regiments. Mein Gardedienst begann am 12. September 1914 damit, dass die Rekruten-Batterien, neun an der Zahl, unter meinen Befehl gestellt wurden. Es waren bereits achtzig Prozent Kriegsfreiwillige angenommen. Zu den wenigen offenen Stellen meldete sich unser treuer Diener Heinrich Riklafs aus Neuharlingersiel. Mit Vergnügen stellte ich ihn, den kaum Neunzehnjährigen, ein, und wir machten nunmehr den Weg zur Kaserne und nach Hause gemeinschaftlich. Er war und ist bis zum heutigen Tage mit Begeisterung Soldat; sein einziger Kummer war der, dass seine Kameraden im Glied zu hochtrabende Gespräche führten. Ich erkundigte mich danach und erfuhr, dass im Glied rechts von ihm ein Gerichtsassessor, links von ihm ein Diplom-Ingenieur und hinter ihm drei Studenten der Philosophie standen.

Ein anderer Kriegsfreiwilliger war folgender: Ein Mann in der Drillichjacke (in diesem Anzug zum ersten Male mir begegnet) trat in strammer militärischer Haltung auf mich zu, überreichte mir eine Meldung seines Batterieführers und wartete auf die Antwort. Bei der Letzteren bemerkte ich sofort einen mir längst bekannten Zug im Gesichte des Kanoniers und sagte, dass ich ihn zu kennen glaube, jedoch im Augenblick mich seines Namens nicht entsinnen könne. Der Soldat antwortete, bei völliger Innehaltung der militärischen Form, mit einem berechtigten Lächeln der Vertraulichkeit: „Erinnern Eure Excellenz sich nicht, dass vor acht Wochen wir einen Staatsvertrag ratifiziert haben, ich für Preußen und Sie für Oldenburg?“ Der Kanonier war ein kriegsfreiwilliger Legationsrat aus dem Auswärtigen Amt.

Der Krieg und der sogenannte kleine Mann

Wir hatten vielfach verlernt, uns gegenseitig zu verstehen, wir mussten uns erst wieder kennenlernen, wir die Angehörigen eines und desselben Volkes und Reiches. Der Krieg hat, wie viele andere Wunder, so auch dies zustande gebracht. Meine Erfahrungen, wie im Frieden, so auch im Kriege, haben mich mit großer Hochachtung vor dem sogenannten kleinen Mann erfüllt. Zwar ist der Krieg ein Gleichmacher, Hoch und Niedrig, Arm und Reich sind im Felde selten angewandte Begriffe.

Hier gibt es nur Soldaten und Unterscheidungen nur nach dem militärischen Können und dem entsprechenden Dienstgrad. Trotzdem kann man auch im Heer von einem kleinen Mann sprechen, insofern man dabei an die nach Lebensauffassung, Lebenshaltung, Bildung und Gesittung wesentlich gleichwertige überwiegende Menge der Heeresangehörigen denkt. Niemals, auch nicht vor, während und nach schwerer Arbeit und heißem Kampfe, sah ich einen [?] deutschen Soldaten. Alle, auch der im Frieden kleinste Mann, ertragen die beispiellosen Gefahren und Anstrengungen dieses Weltkrieges mit Seelenkraft. Hier draußen sind wir Deutschen wirklich ein Volk von Brüdern, einmütig im Wollen und einmütig im Vollbringen. Dazu wird das Gelingen der Herr geben!

Lehrmeister Krieg

Alles, was er lehrt, fasse ich nach meiner Kriegsteilnahme von insgesamt beinahe 24 Monaten und zur Beherzigung für und Alle, neu zusammen in der Alten Wort: Was sind Pläne, was sind Entwürfe, die der Mensch, der vergängliche Sohn der Erde, aufbaut auf ihrem betrüblichen Grunde!“

Treue Kameradschaft

Im Gasgranatenkampf vor Souain (Champagne) war ein deutscher Offizier gefallen. Seine ganze Persönlichkeit wird ebenso kurz wie klar dadurch geschildert, dass er und sein Bursche jeder das Eiserne Kreuz I. Klasse hatten. Die Beerdigung fiel in eine verhältnismäßig ruhige Zeit, sodass daran nicht nur seine Regimentsangehörigen, sondern auch die Generalität teilnahm. Am offenen Grabe im Feindeslande fand zunächst eine militärische, zum Schluss eine religiöse Feier statt. Nach der letzteren, als man im Begriffe stand, den Platz zu verlassen, trat mit größtem Freimute durch die lange Reihe von Offizieren und Generalen der treue Bursche an die letzte Ruhestätte seines toten Herrn heran und legte einen riesengroßen Blumenstrauß (schon bei Beschaffung in der blumenarmen Gegend hatte er erhebliche Schwierigkeiten gehabt) auf den einfachen Soldatensarg nieder, worauf er, während Tränen ihm in den Bart rannen, ins Glied zurücktrat.

November 1918

Das Herz hätte brechen können über Deutschlands Fall. Eine versiegelte Niederschrift über meine letzte Unterredung mit der Kaiserin und mit dem Verräter Prinz Max von Baden habe ich zu meinen Urkunden im Staatsarchiv Aurich niedergelegt.[27] Unterm 12. November nahm ich den Abschied aus dem öffentlichen Dienst.

---

27 Vgl. NLA AU, Dep. 39, Nr. 120.

Kapitel 4: In der Heimat. Im ganzen Laufe des Lebens

O Heimat lieb, o Heimat traut. Wie habe ich dir ins Herz geschaut, wie habe ich innig Dich erkannt, Mein liebes, treues Heimatland! Zwischen dem gemeinsamen großen Vaterland und dem eigenen kleinen Hausstande lieht die „Heimat“ nicht trennend, sondern verbindend, die Liebe zu ihr kettet Vaterland und Familie umso fester aneinander. Vom Vater und von der Mutter her aus altem Friesischem Geschlechte kommend, habe ich die Liebe zu meiner Friesischen Heimat stets als eine Himmelgabe empfunden, die im ganzen Laufe des Lebens die körperlichen und seelischen Kräfte immer aufs Neue gestärkt hat. Eltern, Großeltern und Urgroßeltern kann ich mir nur dort vorstellen. Die Schulzeit wurde dort ganz erlebt, die juristische Laufbahn dort begonnen, wichtige Fragen des Lebens wurden dort beraten. Mit Frau und Kindern und Kindeskindern alljährlich und zum Teil lange Zeit dort. Vom Vater mit der Erhaltung des Familienguts Addenhausen betraut. In allen Wechselfällen des Lebens, durch die ich in vielseitiger Arbeit dem großen deutschen Vaterlande habe dienen dürfen, sind die Meinigen und ich Friesen geblieben, und zwar alle von ganzem Herzen.

Gott schuf das Meer und der Friese die Deiche

In diesem oft gebrauchten Worte liegt keine Spur von Anmaßung, es soll nichts Anderes bedeuten als die Freude an erfolgreicher Arbeit. Und solche Freude ist dem Friesen zu gönnen, der durch Jahrhunderte hindurch seine über alles geliebte Heimaterde immer wieder vor den verheerenden Fluten schützen musste, und so weit Menschenkräfte reichen, geschützt hat. Das ganze Leben und die Rechtsbegriffe mussten auf solchen Schutz abgestellt werden. Die Warfen zeigen, bis wie tief ins Land hinein alljährlich die Springfluten kamen, der Grundsatz, dass „kein Land ohne Deich und kein Deich ohne Land" sei, wurde ergänzt durch das von der Notwendigkeit des Deichschutzes diktierte Gebot: „Wer nicht kann deichen, muss weichen".

In zäher, oft einseitiger Arbeit ist der Friese wortkarg und nicht selten hart geworden. Seine einfache Lebensweise begünstigt diese Eigenschaften. Er entschuldigt sich nicht, ausgenommen den Fall, dass ihn eine Schuld trifft. Er sagt nicht „ich", um nachher „aber" zusagen, viel mehr folgt auf sein „ja" mit Sicherheit ein „also". Sein Lebensziel auf äußerem Gebiet ist meistens der Wunsch, auf umfriedetem Besitze sich alles zu schaffen was er bei großer Bedürfnislosigkeit vom Leben sich [?]. Bauer bedeutet ihm „Herr" sein. Auf seinem Besitze, den er selten als Alleineigentum, meistens als Familiengut betrachtet, ist er so konservativ geworden, dass er jeden Eingriff, auch den des Staates, bekämpft. Daher die Erscheinung, dass diese aristokratischen Bauern der Staatspolitik gegenüber nicht selten zu Demokraten werden. Die Hartheit des friesischen Volkes hat eine gewisse Abschließung Ostfrieslands von den Nachbargebieten zur Folge gehabt, es ist noch nicht lange her, dass, wenn man in Emden einen Kaufladen betrat und hochdeutsch sprach, der Verkäufer in das Geschäftszimmer hineinrief: „Fröln, kummt de ins her, hier is‘ n Butenkerl".

Andererseits sind es gerade die erwähnten Eigenschaften, welche es bewirkt haben, dass die gesamte friesische Bevölkerung, die das offene Meer seit uralten Zeiten stark befahren hat, die zähe Heimatliebe des Marschenbewohners mit dem weiten Blick der Seefahrer verbindet. „Wo du sitzt, da sitze feste, Alter Sitz, der ist der beste." Zweimal habe ich in Gedanken an das vorstehende herrliche Wort in schwierigen Lebenslagen mich rasch entschlossen. Es ist die Geschichte des Erwerbs von Karolinenhof und Mathildenhof, und sie soll in Kürze niedergeschrieben werden. Beide Höfe, mitten zwischen den Ländereien von Alt-Addenhausen und vom Sielhof gelegen, erschienen meinen Vorfahren und mir als [?], unsere Beziehungen zu den Besitzern dieser Nachbarhöfe waren immer gute, auf einen Erwerb unsererseits in Bezug auf diese Höfe bestand nicht die mindeste Absicht. In den 1890er Jahren bot der Besitzer des Karolinenhofes und etwa zwölf Jahre später der Besitzer des Mathildenhofes mir ungefragt und unerwartet den Ankauf jedes der beiden Höfe an. Darüber hätte niemand mehr überraschte sein können als ich. In beiden Fällen war die Entschließung folgenschwer, weil die geforderten Kaufpreise hoch und die mir zur Verfügung stehenden Barmittel gering waren. Verantwortungsfreudig lehnte ich den Erwerb nicht ab, sondern vereinigte den Karolinenhof mit Alt-Addenhausen und Sielhof zum Rittergut Addenhausen, für welches der Mathildenhof Ausgleichsgut bildet.

Als Ausgleichsgut hat der Mathildenhof, der ebenso wie das Rittergut Addenhausen, mit Letzterem zusammen in einer Hand bleiben muss, den Ausgleich zu schaffen, wenn öffentliche oder private Interessen den Verkauf kleiner Teile des Rittergutes Addenhausen erforderlich machen. Letzteres darf nicht verkleinert werden, ohne dass anderweitig ihm Land von entsprechender Größe und Güte wieder zugeführt wird. Die Möglichkeit hierzu bietet der Mathildenhof. Diese Funktion des Mathildenhofes ist so wichtig, dass daran nichts geändert werden muss. Die „Eucken-Addenhausen-Familienstiftung" enthält das Weitere, auch in Bezug auf die Geschwister des Stifters.

Quod deus bene vertat![28] Deshalb ist ein Verkauf von Mathildenhofländereien absolut ausgeschlossen! Ebenso ein Verkauf von Rittergutsländern, abgesehen nur von kleinen Hausbauplätzen.

---

[28] Lateinisch für: Was Gott zum Guten wenden möge.

Wertung von Eigenschaften

Diese ist subjektiv, so individuell, kann so verschieden begründet werden, und jede Begründung kann so viel Stichhaltiges umfassen, dass ich darauf verzichte, meine Auffassung näher zu erläutern. Ich gebe sie vielmehr hier zu Papier, ohne den geringsten Anspruch auf allgemeine Gültigkeit zu erheben. Meine Erfahrungen im großen und kleinen Lebensgetriebe, meine Beobachtungen in der weiten Welt und in der Heimat ergeben, dass alle guten und schönen menschlichen Eigenschaften auf vier Wurzeleigenschaften zurückgeführt werden können. Diese Wurzeleigenschaften sind in der Reihenfolge, wie ich sie bewerte: Kraft, Treue, Fleiß und Klugheit.

Zwei Helfer

Der Sielhof-Bau, wie er jetzt dasteht, ist zwar das Ergebnis der Vorarbeiten und gemeinsamen Entschließungen von meiner Frau und von mir. Aber viele und Nahestehende haben Mitanteil an dem Schlussergebnis.

Aus der Zahl dieser nenne ich hier zwei Helfer besonders, weil ihre Mitwirkung die denkbar selbstloseste war: Frau von Gellhorn [?] in Naumburg erbot sich, für die Sielhofskapelle, für die [?], Eda und Wilko je eine Glasmalerei, [?] eine Statue gestiftet hatten (Almuth war damals noch nicht geboren), ein Altarbild zu malen. Sie hat das große Ölgemälde, welches den Ostermorgen darstellt, gefertigt, und dadurch der Kapelle den Charakter verliehen, welcher wie die Nachbarkirchen es versucht haben, schon durch das Vorhandensein viele erbaut hat.

Pastor [?] in Werdum, unserem Kirchdorf, hat beim Bau des Sielhofes in seiner jetzigen Gestalt nur darauf hingewiesen, wie der Bau – weither sichtbar vom Land und von der See – als ein Wahrzeichen dienen könne, wenn er von einem eisernen Kreuz bekränzt würde. Seinen Vorschlag entsprachen wir, als wir der umgebauten Haupttür des Hauses die Umschrift [?] gaben.

Die deutsche Frau in der Kriegszeit

Ihr gebührt ein großer Teil der Erfolge, dieser echt deutschen Frau. Wie im ganzen Reiche sie still und selbstverständlich alle Heimarbeiten der im Feindeslande stehenden Männer auf sich genommen hat uns täglich mehr hineinwächst in die großen Ziele ihrer nur scheinbar kleinen Arbeit in Bahnhöfen, Postämtern, Behörden, Vereinen usw. So hat sie die größte Aufgabe als Bewahrerin der Familie während der Kriegszeit zu leisten. Insbesondere da, wo Haus und Hof einen Ersatz für den bisher vom Mann geleisteten Schutz an Ort und Stelle fordern ist sie mit unübertrefflichen Pflichtbewusstsein und Erfolg tätig gewesen und noch jetzt tätig. Ihr widmet mit Recht ein [?] die Worte: „Eure Männer schützen Grenzen, schirmen deutsches Land und Haus; auch Ihr sollt in Ehrenkränzen friedlich glänzen: Fest in Treue haltet aus!“

Mein Vater und Freund

Schon 1893 ist er heimgegangen, aber sein Andenken lebt in mir bis ans Ende meiner Tage. Besonders in diesem Kriege ist er täglich und stündlich mein soldatisches Vorbild mit seiner unvergleichlichen Ritterlichkeit, denn „fern von ihm im wesenlosen [?] Scheine lag alles Niedrige, lag der Gewinn."

Wenn die Not am größten, ist Gottes Hilfe am nächsten

Allein, und mit den Meinigen bin ich oft (tagelang, wochenlang) auf der Insel Spiekeroog gewesen. Dort weckten mich eines Sommertages bei Sonnenaufgang der Schiffer [?] und seine Matrosen [?] und [?] mit der Anfrage, ob bei dem herrlichen Seegange, ich sie nicht auf der Fahrt zur Hochseefischerei begleiten wolle. Dazu sofort bereit, schiffte ich mich bei ihnen ein, und einige Stunden später trieb unser Fahrzeug ruhig vor dem Schleppnetz über den [?] in der Nordsee. Gegen 6 Uhr nachmittags hatten wir das Schiff halbvoll von gefangenen Fischen und gedachten etwas nach einer weiteren Stunde kehrt zu machen. Plötzlich, aus heiterem Himmel, entstand ein orkanartiger Sturm – so plötzlich und so stark, dass wir weder die auf dem Deck liegenden Sachen noch die Schiffstakellage mit dem auf dem Meeresgrund schleifenden Hochseenetzes bergen konnten. Mit einer Riesenwelle war alles fortgespült; die Segel wurden vom Sturm zerfetzt; wir kappten die Brasse, die das Schleppnetz hielt; die Schiffsbedienung war nur dadurch möglich, dass die Matrosen kriechend sich über Deck bewegten. Trotzdem steuerten wir weiter nordwärts, um nicht auf die Sandbänke zu geraten.

Da sagte der alte Schiffer [?] zu mir: „Ich fahre seit 40 Jahren, aber habe niemals einem dem heutigen Tag annähernd gleichen erlebt. Da Sie unser einziger Gast an Bord sind, bestimmen Sie, ob auch während der Nacht der Kurs nach Norden weiter gerichtet bleiben soll, oder ob wir versuchen wollen, kehrt zu machen, um bei Tagesanbruch den Turm von Wangerooge anzufahren; diese letztere Fahrt ist die gefährlichere, aber, wenn es uns gelingt, den Turm zu sichten, so ist das Schiff gerettet. Wir alle vier Insassen überlegten kurz und entschieden uns für die Fahrtrichtung mit dem Kurs auf den Turm von Wangerooge. Dunkelheit und Nebel traten ein, die auch noch die Gefahr des Zusammenstoßens mit anderen Schiffen brachten; der Seegang wurde von Stunde zu Stunde gewaltiger; heftiger Regen löste den Nebel ab, sodass wir bis auf die Haut durchnässt wurden, soweit es nicht schon durch überkommende Wellen geschehen war; von Zeit zu Zeit wurde die Dünung des Meeres durch Sturzwellen durchquert, die das Schiff zum Kentern zu bringen schienen; unser Schiff trieb wie eine Nussschale dahin, es gehorchte dem Steuer nur noch zeitweise, nämlich so lange das Öl wirkte, welches wir in die Wellen gossen. Gegen Mitternacht kam dazu noch ein starkes Meeresleuchten auf die Spitzen der sich bewegenden Wellen und täuschte uns oft die Lichter eines sich bewegenden Schiffes vor.

[?] band sich am Mast fest, kniete darunter und betet laut. Dann band er sich los, richtete nach dem Kompass das Steuerruder fest ein und blieb unentwegt am Steuer. Es folgten Stunden, die länger als Tage erschienen, kein Wort wurde gesprochen; alle suchten am Himmel nach Anzeichen der aufgehenden Sonne, lange vergeblich. Endlich begann die Morgendämmerung. Als der Tag sich langsam entschleierte, sahen wir zwar in nebelhafter Ferne, aber geradeaus vor uns, den Turm von Wangerooge. Wir hatten also den richtigen Kurs. Zwei Stunden später trieb unser Schiff gleich einem Kreisel durch die Brandung zwischen den Inseln Wangerooge und Spiekeroog. Danach löste als Erster der Fischer [?] unser Schweigen mit den Worten: „Wir sind gerettet!“ Es ist kein Mast so hochgestellt, kein Schiff so fest genietet, dass es im Sturm nicht zerschellt, wenn es der Herr gebietet; und nur wenn Gott es wieder will, sind Wind und Wogen wieder still.

Meine innigst geliebte Mutter

Am 20. März 1916 ist sie sanft eingeschlafen. Ihr Leben aus tätiger Liebe über den Tod hinaus hat sie für die Ihrigen gelegt durch Hinterlassung folgender Aufzeichnung, in den letzten Tagen ihres Lebens geschrieben: „Wie immer sich gestaltet auch mein Los, ob schwer und traurig [?], ob voller Sonnenschein, lass mich dies Sprüchlein auf den Weg dir geben: Mach andre glücklich – und du wirst glücklich sein.“

Ein solches Menschenleben stirbt nicht mit dem Tod, sondern dauert auch auf Erden in den Gedanken und in den Taten derjenigen fort, auf welche es erfolgreich eingewirkt hat.

Ostfriesischer Volkswitz

Der neunjährige Sohn eines Landwirtes von allgemeiner Bildung im „Krummhörn“ wurde von seinen Eltern zur Teilnahme an einem Nachmittagstee eingeladen, den sie zur Ehre des Offizierskorps eines nach Emden neu eingetroffenen Bataillons gaben. Die Offiziere stammten zum Teil aus Garderegimentern.

Der Junge, dem die näselnde Sprache mehrerer Offiziere stark missfiel, trat nach einiger Zeit geduldigen Zuhörens an den jüngsten Leutnant heran und sagte diesem halb verschämt, halb frech: „Du, du musst nicht so jaulen“. Derselbe Junge erhielt nachher den Auftrag, denjenigen Herren, welche Tee genommen hatten, Zucker auszuteilen. Der Bataillonskommandeur nahm sich davon zwei Stück für seinen Tee. Darüber war der sparsam erzogene Knabe tief enttäuscht und gab seinem Gefühl durch folgende Worte Ausdruck: „Zwei Stücke Zucker; du fällst mich man slecht in die Hand!“ Später wurde er gefragt, wo er sein Deutsch gelernt hätte, worauf er unverzüglich antwortete: „Bei den Knechten im Stall.“

Auf einem anderen Gut, das zu weit von der Gymnasialstadt entfernt lag, um kleinere Kinder täglich dahin zu schicken, war ein naturwüchsiger Bursche bis zum elften Lebensjahr im Hause unterrichte worden. Danach aber hielt man die Teilnahme am Unterricht im Gymnasium für erforderlich, schaffte einen Ponywagen an und sorgte für die Aufnahme des Jungen in die seinen Kenntnissen entsprechende Klasse des Gymnasiums. Am ersten Tag seiner Teilnahme am Gymnasialunterricht kam der Junge in seinem Ponywagen zum Elternhaus gerade zur Zeit des Mittagsessens zurück. Als er sich zu Tisch setzte, wurde er vom Vater gefragt: „Nun, mein Junge, wie hat es Dir in der Schule gefallen?" Die aus dem Plattdeutschen nur übersetzte Erwiderung lautete wörtlich: „Lieber Vater, ich kann man bloß sagen von: Harrjasses!"

Ein aus Potsdam nach Aurich versetzter Regierungsassessor, der in seinem Abteil allein saß, als sein Zug ihn seinem neuen Bestimmungsort zuführte, war erstaunt über die große Menschenmenge, die auf der Haltestelle Loppersum (zwischen Emden und Aurich) in der Nähe des haltenden Zuges umher stand. Es war in Loppersum Jahrmarkt. Der reisende Assessor öffnete das Fenster seines Abteils und rief einem der in der Nähe stehenden Bauern mit näselnder Stimme zu: „Ist dies Aurich?" Darauf der Bauer: „Büst Du besopen?"

Eine Moordorferin saß im Eisenbahnwagen neben einer Städterin, die einen im Wachstum zurückgebliebenen elfjährigen Jungen mit einer Kinderfahrkarte bei sich hatte. Als der Schaffner die Fahrkarte des Jungen verlangte, bemerkte die Städterin, dass der Junge nur halb zu bezahlen brauche, weil er noch kurze Hosen trage. Zwischen der Städterin und dem Schaffner entspann sich ein Wortwechsel, wobei das Alter des Knaben festgestellt wurde, und die Frau dabei blieb, dass er trotzdem nur einer Kinderfahrkarte bedürfe, also nur halben Preis zu bezahlen brauche, weil er so klein geblieben sei, dass er nur halblange Hosen trage. Diesen Streit unterbrach die Moordorferin, indem sie für den Schaffner und gegen die Städterin Partei ergriff, und zwar mit folgenden Worten: „Wenn't ich de Buxen ankäm, brukt ick ganz keen Fahrkart‘ hebben, denn ick hebb gar keen Buxen an“.

Zur Badezeit von Norderney hielten die Postwagen zwischen Emden und Norden in Georgsheil an, um Pferdewechsel vorzunehmen. Die Reisenden traten in die Gaststube, in der eine Anzahl von Bauern um das offene Herdfeuer herum sich gesetzt hatten, aus Tonpfeifen rauchend, dampfende Getränke vor sich auf dem Kamin. Die Bauern sprachen kein Wort miteinander, machten aber sämtlich den Eindruck größten Wohlbehagens. Einer der Reisenden, der die schweigende Gesellschaft lange beobachtet hatte, fragte sie, welches Getränk sie in der heißen Zeit zu sich nähmen. Zunächst keine Antwort. Nach einiger Zeit spuckte einer der Bauern ins Kaminfeuer und benützte die Gelegenheit, die ihm den Mund von der Pfeife frei ließ, zu dem Reisenden hingeworfenen Worte: „Grog“. Lächelnd erwiderte der Reisende, dass er sich darüber wundere, und dass er wohl wissen möchte, was die Leute hier trinken, wenn es kalt wird. Darauf zunächst wieder keine Antwort. Nach einiger Zeit hatte ein anderer Bauer das Bedürfnis ins Kaminfeuer zu spucken und benutzte diese Gelegenheit, zu welcher er die Pfeife aus dem Mund nehmen müssen, um mit einem kurzen Blick auf den Reisenden zu antworten: „Vööl Grog!“

Ein Amtsrichter besaß das Vertrauen seines Amtseingesessenen in so hohem Maße, dass die Leute in den Sprechstunden nicht nur die vor das Gericht gehörenden Angelegenheiten, sondern auch reine Privatsachen dem Richter mit der Bitte um Rechtserteilung vortrugen. So kam es, dass ein Bauer, dessen Tochter sich mit einem aus dem Nachbardorf gebürtigen und deshalb ihm nur wenig bekannten jungen Mann verloben wollte, dem Amtsrichter die Angelegenheit zur Meinungsäußerung mitteilte. Der in seinem Bezirk trefflich Bescheid wissende Richter antwortete nach kurzem Besinnen, dass, wenn das junge Mädchen seine Tochter wäre, er sie dem jungen Mann als Braut geben würde. Darauf der Bauer, sofort entschlossen: „Wenn Se’t menen Herr Oberamtsrichter, so soll de Jung mien Dochter hebben.“

Vorträge zu halten, war ich seit meinem Ausscheiden aus dem öffentlichen Dienst besonders deshalb bestrebt, weil ich der Ansicht bin, dass Jeder der zufällig mehr erlebt und erfahren hat als seine benachbarten Mitmenschen, diesen davon durch Mitteilung abgeben soll – genauso wie der Begüterte dem Minderbemittelten helfen solle. In vielen Orten Ostfrieslands und Oldenburgs hielt ich Vorträge über folgende Themata: „Volkstümliche Einführung in Goethes Faust“, „Land und Leute in den baltischen Provinzen“, „Amerika: Land und Leute“, „Ernst Moritz Arndt und Reichsfreiherr vom Stein – deutsche Freiheitshelden“. Der letztgenannte Vortrag wurde zu Gunsten unserer bedrängten und tapferen Landsleute am Rhein und an der Ruhr von mir zuerst in Emden gehalten.

Schon in Berlin vor den Schülerinnen der Inneren Mission und ebenso in der Heimat vor erwachsenen Landsleuten trug ich die „Grundbegriffe der Staatsbürgerkunde“ vor, weil ich der Ansicht bin, dass die Grundlage aller Sozial- und Wirtschafts- und Kulturpolitik die Volksbildung ist. Für meine engere Heimat gründete ich das Komitee zur Förderung volkstümlicher Vorträge, wobei mein lieber Schwiegersohn Heinrich mich in wertvollster Weise verständnisreich unterstützte.

Was man von der Minute ausgeschlagen, gibt keine Ewigkeit zurück

Wenige Monate nachdem ich meinen Abschied aus dem öffentlichen Dienst genommen hatte, bat das Oldenburgische Staatsministerium mich, dem Bundesstaat Oldenburg bei der in Weimar tagenden Nationalversammlung vertreten zu wollen, wenn und solange diese über die künftige Regelung der Beziehungen zwischen dem Reich und den Einzelstaaten verhandeln würde. Diesem Ruf habe ich im Einverständnisse mit dem Großherzog Friedrich August, obgleich er schon am 11. November 1918 abgedankt hatte, Folge geleistet, aber ohne Instruktion von der neuen Oldenburgischen Regierung, vielmehr nach meinem Ermessen.

Um dem Ersuchen am besten zu entsprechen, nahm ich hauptsächlich an den in Betracht kommenden Sitzungen des Verfassungsausschusses der Nationalversammlung teil. Hier musste ich leider Zeuge der gröbsten Schmähungen sein, die seitens der schwarz-rot-goldenen Internationale, den Urhebern und Beihelfern der Revolution vom November 1918, auf den Bundesstaat Preußen wegen angeblichen Mangels an bundesfreundlichem Verhalten geworfen wurden. Am Bundesratstisch großes Schweigen. Das empörte mich. Aber meine Absicht, in die Bresche zu treten und die Schmähungen zurückzuweisen, stemmten sich mehrere Bundesratskollegen entgegen, indem sie unter vier Augen eine Legitimation für meine Absicht weder für sich noch für mich anerkannten.

Formell war Letzteres zutreffend, und über der leisen, aber lebhaften Aussprache am Bundesratstische war die Debatte des Verfassungsausschusses dem Schlusse unmittelbar nahe gerückt. Im letzten Augenblick erklärte ich meinen Bundesratskollegen, dass ich alle formellen Bedenken über Bord werfe, weil ich als ältestes anwesendes Mitglied des Bundesrates (die Revolution hatte diesen Namen in „Staatsausschuss“, später „Reichsrat“ umgewandelt) die Verpflichtung fühle, die ungerechtfertigten, der Wahrheit ins Gesicht schlagenden Vorwürfe gegen Preußen zu entkräften, wenn keiner der anwesenden Vertreter der größeren Bundesstaaten des übernehmen wolle.

Als ich das Wort nahm, wollte der Vorsitzende des Verfassungsausschusses gerade schließen, gab aber das Wort mir noch und demzufolge auch Anderen (aus der Zahl der Abgeordneten). Nachdem ich gesprochen hatte, war es eine große Genugtuung für mich, dass keiner der vorher in Ablehnung verharrenden Bundesratskollegen nur irgendwie auch nur unter vier Augen noch widersprach. Ich hatte ausgeführt, dass jene Schmähungen Preußens völlig haltlos seien, da die preußische Regierung es stets als ihr nobile officium[29] betrachtet habe, bei Meinungsverschiedenheiten unter den Bundesregierungen sich, wenn irgend angängig, auf die Seite des schwächeren Teils zu stellen, und dass kein deutscher Einzelstaat sich über einen Mangel an bundesfreundlichem Verhalten Preußens bisher im Bundesrate zu beklagen hätte.

Hätte ich den Augenblick verpasst, so wären jene unerhörten Schmähungen unwidersprochen in die Öffentlichkeit gelangt, Schmähungen, die ihren tieferen Grund lediglich in dem Hasse der schwarz-rot-goldenen Emporkömmlinge der Revolution gegen die monarchische Autorität der evangelischen Vormacht des Deutschen Reiches besaßen.

„Dass uns kleiner werde das Kleine und das Große groß erscheinen“

Diese Strophe gemahnt, des tiefsten Wortes Goethes eingedenk zu sein, das lautet: „Die sittliche Welt wird regiert von der Wechselbe-

---

29 Lateinisch für: Ehrenpflicht.

ziehung zwischen Ideen und Erfahrungen". Mit Begeisterung trat ich seiner Zeit ein in die höchsten Behörden des Vaterlands, welche Ideen patriotischer Art hoffte ich dort verwirklichen zu helfen! Und welche Erfahrungen musste Deutschland machen, besonders seit 1918!

Daraus ergaben sich neue Gedanken, neue Hoffnungen. „Und schwer und schwerer hängt eine Hülle! Stille Ruhe oben die Sterne Und unten die Gräber, doch rufen von drüben die Stimmen der Geister, die Stimmen der Meister: Versäumt nicht zu üben die Kräfte des Guten, wir heißen euch hoffen!"

Die Hoffnung auf eine Erneuerung des deutschen Geistes von 1914 ist das Größte, das uns aus der Zeit von Deutschlands tiefster Erniedrigung geblieben ist: Geduld, Konzentration, Hoffnung! Klein und kleiner dagegen werden im Rückblick auf die in der Vergangenheit gemachten Erfahrungen viele Ereignisse, denen seinerzeit doch Bedeutung innewohnte. Solchen Rückblick will ich im Folgenden über einige Momente aus meiner Berliner Tätigkeit schweifen lassen, über Freud und Leid in Bundesrat und Reichstag: Die besten Verbindungen im Bundesrat verbanden mich mit den Vertretern Preußens, Hessens und beider Lippes, gute Beziehungen auch mit Bayern, Württemberg, Thüringen, Hansestädten und Waldeck. Getrübte Beziehungen waren die zu Anhalt und Braunschweig, und das kam so: Anhalt hatte keinen stimmführenden Bevollmächtigten in Berlin, sondern hatte mir seine Vollmacht erteilt, die ich in Übereinstimmung mit der Oldenburgischen Staatsregierung ehrenamtlich angenommen hatte. Bei allen Anhalt tief berührenden Fragen der Reichsgesetzgebung erschien der Minister Laue aus Dessau in Berlin. Aber als dieser wegen einer unzulässigen Maßnahme (es handelte sich um Angelegenheiten der Kali-Verwertung, die Anhalts größte Einnahmequelle war) Angriffe im Reichstag gegen sein Verhalten erwarten musste, und nachdem ich ihn angeschrieben hatte, dass solche Angriffe nur auf Grund eingehendster Kenntnis des mir nicht geläufigen Vorgangs in Anhalt beantwortet werden können, mutete er dennoch mir zu, ihn auf Grund eine in Anhalt verfassten und nach meiner Überzeugung unzulänglichen Gutachtens zu verteidigen. Letzteres lehnte ich kategorisch ab.

Die Rache Anhalts war die, dass es nach einer [?] an meiner Stelle dem danach seit längerer Zeit strebenden Braunschweigischen Gesandten Boden die Bundesratsvollmacht des Anhaltischen Staates erteilte. Jedermann von Belang kannte diese Entwicklung; nur der Minister Laue glaubte sie verwischen zu können, indem er seinem Herzog bat, mir das „Großkreuz mit Brillanten“ des Anhaltischen Hausordens zu verleihen, was dann auch geschah.

Keinen Kollegen im Bundesrat habe ich, der älteste, mehr gefördert als den Vertreter Braunschweigs Boden. Als dieser in den Bundesrat eintrat und mich bat, ihm die zu seiner Orientierung nötigen Hinweise zu geben, habe ich Letzteres gern und gründlich getan. Diese Annäherung führte dazu, dass die Regierungen von Oldenburg und Braunschweig in ein automatisches Vertretungsverhältnis eintraten, und zwar, dass Oldenburg Boden zu meinem Stellvertreter und Braunschweig mich zu Bodens Stellvertreter ernannten. Auch wirkte ich dahin, dass bei den mir sonst nahestehenden Staatsregierungen auch Boden eingeführt wurde.

Der Dank des Letzteren hat darin bestanden, dass er hinter meinem Rücken sich um Anhalt bemühte. Nachdem dies mit Erfolg geschehen war, zeigte ich deutlich, dass Boden mein Vertrauen verloren hatte, und schickte durch seine Vermittlung die Braunschweigische Vollmacht an die Braunschweigische Staatsregierung zurück, was selbstredend auch seine Oldenburgische Vollmacht zur Erledigung bringen musste und sollte. Die über mein eigenmächtiges Vorgehen erzürnte Oldenburgische Staatsregierung gab nach erfolgter Kenntnisnahme der Vorgänge dieser ganzen Angelegenheit mit Recht keine weitere Folge. Gar nicht beruhigen aber schien sich der Großherzog Friedrich August zu können, der mir unter anderem entgegenhielt, dass ich, da der Herzog von Braunschweig sein naher Verwandter sei, nicht ohne Fühlungnahme mit ihm (dem Großherzog) hätte vorgehen dürfen. Diesem Vorwurfe bin ich durch nachfolgende Auseinandersetzung begegnet: „Hätte ich“, so antwortete ich dem Großherzog, „angefragt, bevor ich die Braunschweigische Vollmacht zurückschickte, so wäre eine ablehnende Antwort aus Oldenburg mir erteilt worden; aber dadurch wäre ein erneutes Zusammenarbeiten von Oldenburg und Braunschweig doch nicht ermöglicht worden. Deshalb musste eine Trennung unbedingt erfolgen! Aber um die

Schuld an solcher Trennung auf mich allein zu nehmen, habe ich mit Vorbedacht so, wie geschehen, nämlich ohne vorherige Anfrage, gehandelt. Dadurch habe ich alle Beteiligten in Oldenburg in die Lage versetzt, dass Niemandem außer mir seitens Braunschweigs ein Vorwurf wegen der Trennung gemacht werden kann.“

Ganz allmählich fand sich der Großherzog mit der vollzogenen Tatsache ab. Im Reichstag hatte ich, neben angenehmen Erledigungen, die recht unbequemen Lagen zu überwinden. Dies waren folgende: Der Staatssekretär des Reichsmarineamts Großadmiral von Tirpitz, den ich sonst bei jeder Gelegenheit im Bundesrat unterstützte, war bei der Beratung des Marine-Etas von Seiten Oldenburgs, wegen Einstellung unzureichender Mittel für Rüstungen, bekämpft worden, hatte aber die Mehrheit der Bundesstimmen erhalten, sodass der Etat in einer den Wünschen Oldenburgs nicht Rechnung tragenden Fassung an den Reichstag gelangt war. Nun geschah es selten, dass entgegen einem Landratsbeschluss seitens einer dissentierenden Staatsregierung im Reichstag Stellung genommen wurde. Aber hierzu lag in diesem Falle besonderer Anlass vor. Im Reichstag (zunächst im Bürgerausschuss und zuletzt auch im Plenum) vertrat ich den von der Vorlage des Bundesrates abweichenden Standpunkt und erlangte die Mehrheit für diesen. Nach dem Reichstag schloss sich auch der Bundesrat dem Wunsch Oldenburgs an. Tirpitz grollte wochenlang.

In einer öffentlichen Versammlung eines gemeinnützigen Vereins der Stadt Oldenburg hatte ein höherer Beamter aus dem Oldenburgischen Staatsministerium die Reichsverwaltung in so schroffer Weise angegriffen, dass die linksgerichtete Presse daraus Kapital schlagen konnte und unter der sensationellen Überschrift „Unstimmigkeiten zwischen Reich und Landesstaaten“ Zweitracht säte. Alsbald griff dann auch ein Abgeordneter im Reichstag (es war der damalige Führer der Sozialdemokraten Singer) die Sache auf, indem er sich auf die Äußerungen des Oldenburgischen Ministerialbeamten bezog. Mein Erstaunen war groß, denn ich wusste aus eigenen Erfahrungen (sowohl aus der Tätigkeit im Reichsamte des Inneren als auch aus der Arbeit im Landesrate), dass die Angriffe unbegründet waren, so dass ein etwa vorkommender Einzelfall in ungerechtfertigter Weise verallgemeinert sein müsste. Deshalb war es meine Pflicht, der Wahrheit zum Siege zu verhelfen. Zu diesem Zeitpunkt setzte ich mich vom Reichstage aus in telefonische Verbindung mit der Staatsregierung in Oldenburg und erhielt die Ermächtigung, auf die Äußerungen des Abgeordneten im Reichtage nach meiner Kenntnis der Verhältnisse zu erwidern. Da geschah noch in der gleichen Sitzung des Reichstages, indem ich den Äußerungen des Abgeordneten und der linksgerichteten Presse alle Grundlagen entzog und das grundsätzlich bundesfreundliche Verhalten der Reichsverwaltung nachdrücklich betonte. De von mir nicht gewollte, aber unvermeidliche Nebenwirkung war die, dass der betreffende Ministerialbeamte Oldenburgs „zur Disposition gestellt“ werden musste.

Viel Aufhebens war im Blätterwald der deutschen Zeitungen aus Anlass das Hasardspielen des Oldenburgischen Justizministers [?] gemacht worden, wobei diesem als erschwerender Umstand noch besonders vorgehalten wurde, dass er zur Zeit seiner Teilnahme am verbotenen Spiel Oberstaatsanwalt bei dem Oberlandesgericht gewesen sei. Auch Beleidigungsklagen fanden in mehr oder weniger engen Zusammenhang mit solchen Presse-Fehden statt. Als die Öffentlichkeit immer wieder aufs Neue mit Vorstehendem beschäftigte, wurde der Großherzog von Oldenburg, der [?] aus mir unbekannten Gründen halten wollte, ungeduldig und reagierte auf weitere Angriffe durch Erteilung von Vertrauensbeweisen an [?]. In dieser Angelegenheit wollte ein Abgeordneter des Reichstages (Müller-Meiningen) eingreifen, indem er mich bat, „davon Kenntnis zu nehmen, dass er bei der bevorstehenden Beratung des Reichsjustiz-Etas die Sache öffentlich zur Sprache von der Reichstagsredner-Tribüne bringen werde."

Ich erwiderte dem Abgeordneten, dass ich ihm öffentlich antworten würde, wenn er mit mitteilen wolle, um welchen Teil der zum Rattenkönigausgemachten Sache es sich bei seinen (des Abgeordneten) Angriffen halten würde. Diesem Wunsche wich er aus, so dass ich die Überzeugung gewinnen musste, es sei ihm gar nicht um eine sachliche Antwort in der Öffentlichkeit zu tun. Der Abgeordnete wollte lediglich die Erwiderung, dass er mich vorher habe von seiner Absicht benachrichtigen müssen, mir unmöglich machen. Deshalb sagte ich ihm folgendes: „Ich rate Ihnen, auf den Justizminister R. so tatkräftig, wie Sie können, einzuhämmern. Je schlechter Sie hier im Reichstag ihn hinstellen, desto höher wird der Großherzog in Oldenburg ihn durch Vertrauensbeweise auszeichnen." Der Abgeordnete hat bei der Beratung des Reichsjustiz-Etas geschwiegen, obgleich er die Persönlichkeit [?] nicht in Schutz genommen hatte.

Landesrat und Reichstag gemeinsam – ja durch mehrere Mitglieder vertreten – unternahmen zwei wichtige Fahrten, an denen ich als Landesratsvertreter teilnahm. Die eine dieser Fahrten galt unserer Kriegsmarine und fand in zwei Abschnitten statt (1907/1908) als zwei „parlamentarische Informationsreisen". Unter der Führung des Großadmirals Tirpitz besichtigten wir zunächst alle Anlagen des Hafens Kiel, die dort anwesenden Schiffe, ferner Sonderburg, [?] und zuletzt Schiffsübungen, deren Leitung Prinz Heinrich von Preußen auf dem Admiralsschiff „Deutschland" überwachte, insbesondere Übungen der Torpedo-Flotte. Nach eingehender Besichtigung aller Innen-Konstruktionen der Untersee-Boote nahm der andere Abschnitt dieser parlamentarischen Informationsreise seinen Anfang in Danzig, wohin uns ein Sonderzug gebracht hatte und wo alle Teilnehmer auf dem Reichspostdampfer „Derfflinger" (vom Norddeutschen Lloyd in Bremen) sich einschifften. Es folgten Besichtigungen der Anlagen des Hafens Danzig, der Übungen von Linienschiffen, Torpedobooten und Untersee-Fahrzeugen, der Anlagen in Holtenau, des Nord-Ostseekanals („Kaiser-Wilhelm-Kanal") der Elbmündung, der Hafenanlagen Hamburgs und Cuxhavens, der Spezialschiffe für Minen, der Anlagen Bremerhavens, der Wesermündung, der Anlagen des Freihafens in Bremen, des Fischereihafens in Geestemünde, der Anlagen auf Helgoland und in Wilhelmshaven-Rüstringen.

Die andere Fahrt [?] galt der Übernahme des ersten Zeppelin-Luftkreuzers vom Grafen Zeppelin (als Erbauer) auf das Reich (als Erwerber). Der Übernahme ging unsere Fahrt auf „Z1“ unter Führung Zeppelins über den Bodensee (von Friedrichshafen ab) und über angrenzende Alpenketten voraus (1909). Nach erfolgreichem Beweis der Lenkbarkeit des Riesen-Luftschiffes fand die Landung in Konstanz statt, wo Zeppelin die Konstruktion des Fahrzeuges erläuterte.

Goethe, der in vielen Lebensfragen prophetisch dachte und schrieb, hatte vor hundert Jahren (1808 gab er den „Faust“ heraus) geklagt: „Ach, zu des Geistes Flügeln wird so leicht sich kein körperlicher Flügel sich gesellen.“ Nun war das Sehnen erfüllt. Schließlich will ich hier noch der Fahrt ins Baltenland gedenken, die ich in Gemeinschaft mit mehreren anderen Vertretern des Bundesrates im September 1918 im Auftrag des Bundesrates unternahm. Der Großherzog von Oldenburg hatte mich aus dem Heeresdienste nach Berlin zurückberufen, „weil das Land eine Wiederübernahme der Bundesratsgeschäfte wünsche“. Im Bundesrat war eine Bereisung des Baltenlandes beschlossen worden. Die Fahrt dehnte sich aus bis nahe an den Peipussee. Es war eine tragische Fahrt. Die deutschen Bewohner empfingen uns wie „Befreier“, während wir von dem westlichen Kriegsschauplatze täglich betrübendere Nachrichten bekamen.

Bald nach der Rückkehr: Deutschlands Fall. Gott gebe ein umso herrlicheres Wiederaufstehen des geliebten Vaterlandes! Diesem stelle ich den Rest meiner Kräfte zur Verfügung.

Nur rastlos betätigt sich der Mann (Faust I)

Außer den gemeinnützigen Vorträgen arbeitete ich seit meinem Ausscheiden aus dem öffentlichen Dienst lebhaft am wirtschaftlichen Wiederaufbau des Deutschen Reiches mit, und zwar hauptsächlich durch Erteilung juristischem und volkswirtschaftlichem Rat an landwirtschaftlichen und industriellen Unternehmungen.

In erster Hinsicht waren es die landwirtschaftlichen Betriebe, für die Fürst Guidotto von Donnersmarck und Fürst Adolf zu Schaumburg-Lippe mich um Mitwirkung baten; diese bestand darin, dass ich den Vertreter der beiden Genannten die Wege in den entsprechenden Kreisen der landwirtschaftlichen Bevölkerung Ostfrieslands ebnete. In letzter Hinsicht waren es folgende Unternehmungen, denen ich (fast ausschließlich auf juristischem Gebiet) Hilfe leistete: „Weser-Verkehrsgesellschaft“ in Bremen, „Torfwerk Oldenburg“, [?] in Nordenham, „Braker Werft“, „Braker Handels- und Verkehrsgesellschaft“, Chemische Fabrik im Vareler Hafen, Medizinische Exportgesellschaft in Bremen und mehrere von den städtischen Behörden in Wilhelmshaven und Rüstringen geleitete Aktionen zum Zweck des

Wiederaufbaues der Jadestädte, ferner die „Ostfriesische Fischereigesellschaft“ in Norddeich und die „Werra-Porzellanfabrik“ in Meiningen. Selbstverständlich half ich nach wie vor dem Fischerverein Neuharlingersiel.

Gleichzeitig richtete ich mir vom Sielhof aus einen landwirtschaftlichen Weide-Betrieb auf unverpachteten Weide-Gelände ein. Vom 1. März 1926 ab übernahmen Thilda und ich den Karolinenhof in eigener Verwaltung, ein Wagstück bei unserem Lebensalter!

Im Felde ist der Mann noch was wert,
da wird der Mut noch gewogen,
da tritt kein anderer für ihn ein.
Auf sich selber steht er da ganz allein!

Welche Schmach hat Kaiser Wilhelm II. durch seine Flucht ins Ausland über sein deutsches Vaterland gebracht, ganz zu schweigen von der über sich selbst gebrachten Schmach. Kein noch so beherzter und befähigter Ratgeber konnte ihm die Verantwortung für diesen Schritt abnehmen, denn er stand im Feld, und da tritt kein anderer für ihn ein! Diese Schmach ist das Allerschimpflichste, das dem treuen deutschen Vaterlande angetan worden ist.

Keine der vorgebrachten Entschuldigungen, als ob die Flucht im Interesse Deutschlands gelegen habe, vermag ich als triftigen Grund anzuerkennen. Bismarck warnte schon 1888 davor: „Der Mensch, der zu schwankender Zeit auch schwankend gesinnt ist, vermehrt das Übel und breitet es weiter uns weiter“ (Goethe).

Als im Jahre 1913 die vor dem Weltkrieg von unseren Feinden bewirkte Einkreisung Deutschlands fast vollendet war, glaubte England, den deutschen Kaiser während einer Nordlandreise desselben auf der Yacht „Hohenzollern“ abzufangen und zu internieren. Nachdem dies im September 1913 unzweifelhaft festgestellt war, entstand die Frage, ob die Reservisten unserer Kriegsmarine, die etatsgemäß im Oktober zu entlassen waren, zurückzuhalten seien, denn alle Anzeichen für den bevorstehenden Krieg waren nunmehr vorhanden. Die Verantwortung für die hierauf zu treffende Entscheidung lag bei dem Reichskanzler Bethmann Hollweg, da der Staatssekretär des Reichsmarineamts, von Tirpitz, nicht der Kollege, sondern der Untergebene des Reichskanzlers gemäß der damaligen Reichsverfassung war. Die beiden Genannten beschlossen, die Reservisten nicht zu entlassen, weil sonst die Kriegsmarine etwa ein halbes Jahr lang ohne die genügende Anzahl von ausgebildeter Besatzung sein würde.

Was auf diesen Beschluss folgte, würde unglaublich erscheinen, wenn es nicht vom Staatssekretär und Großadmiral von Tirpitz persönlich mir mitgeteilt worden wäre, nämlich: In aller Frühe des folgenden Morgens erschien der Kanzler bei Tirpitz und bat dringend, den gestrigen Beschluss rückgängig zu machen, da England die etatswidrige Nichtentlassung der Reservisten als unfreundliche Handlung betrachten könnte. Tirpitz gab zögernd nach; was blieb ihm auch übrig, wenn der Vorgesetzte die politische Verantwortung nicht tragen wollte!

Es wurde also beschlossen, die Reservisten etatmäßig zu entlassen. Wenige Stunden darauf erschien Bethmann nochmals bei Tirpitz und erklärte, dass er die Verantwortung für die Entlassung der Reservisten in Hinblick auf die eingangs erwähnte feindliche Absicht Englands nicht übernehmen könnte. Tirpitz dachte mir [?] „Ob er heilig, ob er böse: Jammert ihn der Unglücksmann" und antwortete, dann wolle er, Tirpitz, die alleinige Verantwortung für die Reservisten-Entlassung tragen. „Alles fließt." Und doch ist ein charaktervoller Mensch ein „ruhender Pol in der Erscheinungen Flucht"; charaktervoll ist aber nur ein willenfester Mensch. Deshalb kommt auf den Willen Alles an. Sogar auf religiösem Gebiet.

Selbst der eiserne Bismarck betete zu Gott um den Willen. „Ich glaube" – sagte er – „Herr, hilf meinem Unglauben."

„Hat der Bauer Geld, so hat's die ganze Welt!" Wie dies volkstümliche Wort gemeint ist, habe ich bei der Eröffnung der ersten Oldenburgischen Bauernhochschule in Jever – dieser folgte 1924 die Ostfriesische Bauernhochschule in Aurich, zeitweise in Sielhof, danach im Schloss Dornum – zu erläutern versucht. Die Arbeit hierfür beglückt mich. Gebe der Herr ein fröhliches Gedeihen und wachsen der darin mit tiefster Heimats- und Vaterlandsliebe ausgestreuten Saat. Bislang liegen gute Erfahrungen vor, da alle Beteiligten ihr Bestes hergeben. Mein Ziel ist die Ausdehnung dieser ideal gerichteten Bewegung auf ganz Deutschland. Hebung der geistigen und seelischen Höhenlage des Bauernstandes – das ist kurzgefasst, der gesamte Inhalt der Bestrebungen der Deutschen Bauernhochschulen. Man hat dies Ziel in scherzhaftem Ernst dahin erläutert: „Unsere Jungbauern haben in der Bauernhochschule erstklassige Butter zu erzeugen gelernt obgleich dort niemals von Butter die Rede war."

Deutsche Kultur ist es, die dort einen wesentlichen Teil der deutschen Jugend nahegebracht wird. Dort hielt ich die in der Anlage enthaltenen Vorträge, zuerst über „Die Echtheit und Herrlichkeit Jesu".

Ein Wiedersehen in der Heimat erlebten wir, mein Pferdepfleger aus dem Feldzug und ich. Er war Infanterie-Kriegsfreiwilliger, der in einem Schützengraben der Champagne fast erfroren war und deshalb von mir in mein Quartier mitgenommen wurde. Hier begann er bald aus eigenem Antrieb meine Pferde vorzüglich zu versorgen und sprach den Wunsch aus, dauernd Stalldienst zu tun. Nun hatte ich einen Feldartillerie-Kriegsfreiwilligen, der gern zur Infanterie versetzt werden wollte, weil er dort bessere Aussichten hatte, bald Offizier zu werden. Kurz entschlossen befahl ich Beiden: „Wechselt die Kleider!" Nachdem dies geschehen war, schickte ich den bisherigen Feldartilleristen zu dem Regiment des bisherigen Infanteristen und behielt der Letzteren als Pferdepfleger bei meinem Stab. Als diese Eigenmächtigkeit entdeckt wurde, verlangte das Generalkommando einen Bericht darüber, „wer diese Versetzung verfügt habe und auf Grund welchen Rechts". Ich antwortete nur: „Ich, auf Grund des Kriegsrechts". Und damit war die Sache erledigt, denn das betreffende Infanterieregiment (mit meinem dahin versetzten Offizier-Aspiranten) war inzwischen nach Mazedonien versetzt und mein Stab nach Flandern. Das in der Champagne verbliebene Generalkommando gab die Weiterverfolgung auf.

Vier Jahre später sahen mein Pferdepfleger und ich uns wieder, er als Verwalter in dem landwirtschaftlichen Betrieb meines Bruders Carl Friedrich[30] in Wilhelminenhof. Der Pferdepfleger hatte sich als tapferer Soldat bewährt, das Eiserne Kreuz schmückte ihn. Er ist ein echter Ostfriese und heißt Fokko Fokken.

Suche bei Misserfolgen die Schuld daran immer zuerst in Dir selbst

Dieser Erfahrungsrat wird künftige Misserfolge immer seltener und geringer machen. Christus: „Ein Jeder murre wider seine eigenen Sünden!" „Der Thor [?] klopft an, wir brauchen nur die Tür aufzutun." Das Alter macht nicht kindisch, wie man spricht, „Es findet uns nur noch als rechte Kinder." Goethes wahres Wort suche ich zu unterstreichen, indem ich in enger Gemeinschaft mit meinen beiden Söhnen Udo und Wilko, und zwar mit jedem von beiden je nach deren besonderer Geistes- und Körperkraft, angefangen habe, Landwirtschaft in eigenem Betriebe zu erlernen, in kleinem Maße seit 1919 und in vollen Maßen seit 1925. „Wer durch den Pflug sein Brot

[30] Carl Friedrich Frese Theodor Eucken (12.12.1862–18.04.1940), geboren in Aurich, gestoben in Aurich; vgl. Privatarchiv Georg von Eucken, Ahnentafel.

erwerben will, muss ihn selbst anfassen." „Mir bleibt genug; es bleibt [?] und Liebe" (Goethe). „Antaeus!"

Nationale und internationale Demokraten, Sozialdemokraten, Kommunisten und Ultramontane – zusammengeschlossen in pazifistischen und internationalen Gesellschaften aller Art – sind in der Vorkriegszeit, Kriegszeit und Nachkriegszeit fieberhaft tätig, um Deutschland ihrem Ziele näher zu bringen.

Eine Vereinigung dieser Art, die „internationale Vereinigung für Rechts- und Wirtschaftsphilosophie", hat sich im Winter 1924/1925 auch an mich gewandt und um meine Mitarbeit gebeten. Ich habe geantwortet, dass nach den Erfahrungen der letzten Jahrzehnte der Deutsche im internationalen Verkehr stets lediglich der Deutsche Michel bleibt, und dass dies erst dann anders werden könne, wenn das deutsche Volk national, streng national empfinde; denn je nationaler ein Volk empfindet, desto höher wird es in internationalen Verkehr bewertet. Von diesem Ziel sei unser zerklüftetes deutsches Volk noch weit entfernt, weshalb ich mich lieber solcher Arbeit zuwende, welche die Deutschen dem gedachten Ziele näherbringen werde.

Daher meine Gegenwirkung: Weltkongress der Evangelischen Kirchen 1925 (Stockholm), der Inneren Mission (Amsterdam). An letzterem (1. bis 4. Juni 1926) nahm ich als Mitglied, beauftragt vom Zentralausschuss für Innere Mission Deutschlands teil. In den öffentlichen Verhandlungen erbat ich das nachhaltigste Interesse aller

Evangelischen an der Arbeit für die geistigen und seelischen Belange der ländlichen Bevölkerung (Bauernhochschulen).

Und seit Mitte Februar 1927 verfasse ich die politischen Berichte des „Landwirtschaftlichen Wochenblatts für Ostfriesland“ mit der Überschrift „Von drinnen und draußen“ und mit der Unterschrift „der friesische Volksfreund“.

Ebenso versuche ich mich in sonstigem bodenständigem Schrifttum im vaterländischen Interesse, weshalb auch seit September 1928 die wöchentlichen Leitartikel der „Emdener Zeitung“ und ihrer Ableger unter der Überschrift „Rückblicke und Ausblicke“ mit der Unterschrift „Frisio colanus“.

Vier Jahre Bauer: Vom 1. Juli 1925 ab bewirtschafteten Thilde und ich den 48 Hektar großen Karolinenhof in eigener Verwaltung. Vom 1. Mai 1926 ab wohnten wir auch im Karolinenhof. „Aus der Scholle quillt die Kraft fürs ganze Volk und der Segen für die, die darauf arbeiten.“ Wir waren glücklich in dieser Arbeit. Nur unser Alter und seine Beschwerden zwangen uns, vom 1. Juli 1929 den Karolinenhof (mit Inventar) in Pacht zu geben.

Abgeschlossen: Sielhof, 31. Dezember 1929, Georg von Eucken-Addenhausen.

Anlagen: Briefe Euckens aus dem Ersten Weltkrieg

Georg Eucken an seine Ehefrau Mathilde,
Savigny sur Aisne, 14. September 1914

Mein liebes Thildchen! Um eine kurze Geschichte meiner Feldzugsteilnahem zu schaffen, will ich Dir von Zeit zu Zeit in längerer Abfassung Briefe wie diesen schicken, die ich Dich bitte aufzuheben und zusammenzulegen, während die kleineren, fast täglich abgehenden Briefe, die sich nur auf unsere Beratung über laufende Angelegenheiten beziehen, am besten gleich nach ihrer Erledigung vernichtet werden. Selbstverständlich dürfen diese Kriegsbriefe während des Krieges nur im engsten Verwandten- und Freundeskreis bekannt werden, geschweige denn in die Öffentlichkeit dringen. Ein Offizier, dessen Verwandte in allzu großer Harmlosigkeit ähnliche Briefe einer Zeitung zum Abdrucke gaben, wurde deshalb „demobilisiert, was noch eine milde Strafe war. Meine Kriegsteilnahme begann damit, dass ich mich dem Kaiser freiwillig zur Verfügung stellte; seit mehr als 10 Jahren war ich ja schon (wegen des Armbruchs in Weimar) militärisch außer Dienst. Darauf wurde ich einberufen als Kommandeur der Rekruten-Batterien beim 1. Garde-Feldartillerie-Regiment in Berlin. Ich musste mich erst wieder an den Soldatendienst gewöhnen. Es waren 9 Batterien zu je 200 Mann, also eine ganz ansehnliche Ansammlung. Zuerst konnte ich die Leute schlecht wiederkennen; es war sehr heiß damals. Am 12.08.1914 begann meine Kriegsteilnahme, und die Mannschaften trugen meistens Drillich-Anzüge. Es wimmelte auf dem Kasernenhofe, aus dem das aktive Regiment und das Reserve-Regiment (letzteres unter Führung von Otto von Bülow) schon ins Feld gerückt waren, von Kriegsfreiwilligen und von solchen, die es werden wollten. Unter diesen befand sich auch unser Heinrich Ricklefs aus Neuharlingersiel, der von mir in die Rekruten-Batterie nach seinem Wunsch eingestellt wurde. Ein anderer Kriegsfreiwilliger brachte mir eines Tages eine Meldung eines Hauptmannes, er kam mir sehr bekannt vor, und doch konnte ich ihn in seiner Drillichjacke nicht gleich nach Name und Herkunft in meinem Gedächtnis unterbringen. Deshalb sagte ich ihm, als er mit seiner sehr korrekt und fast überschneidig vorgetragenen Angelegenheit fertig war und fortgehen wollte, dass er mir sehr bekannt vorkäme, als wenn ich ihn schon oft gesehen hätte. Darauf erwiderte er, nachdem er bisher mich lediglich mit meinem militärischen Titel angeredet hatte (wie es auch sich gehört), nunmehr in völlig veränderter Haltung: „Erinnern Eure Exzellenz sich nicht, dass wir vor acht Wochen einen Staatsvertrag abgeschlossen haben, Sie für Oldenburg und ich für Preußen?“ Er war ein Legationsrat aus dem Auswärtigen Amte, und wir erneuerten unsere Bekanntschaft nunmehr als Kameraden. Bald nach dem Wiedereintritt in das Heer ließ ich das brave Pferd „Julius“ aus Alt-Addenhausen kommen; über diesen Vorgang bist Du ja genügen unterrichtet, bis dahin, dass „Julius“ in Berlin ankam. Heinrich Riklefs wurde der Pferdepfleger dazu und war ebenso froh wie ich, den famosen Gaul wieder zu haben. Hier will ich gleich einschalten, dass Heinrich mir das Pferd brachte, als ich nach Trier versetzt wurde, und dass das Pferd auch bis heute noch mein Dienstpferd ist, dasselbe Pferd, welches der Pächter bereits für unbrauchbar hielt und gern los sein wollte, und das hier im Felde von Jedermann wegen seiner Leistungen bewundert wird. Es war ein prachtvolles Arbeiten mit den begeisterten Kriegsfreiwilligen in Berlin, obgleich ich mich ebenso wieder in die Militärverhältnisse hineinfinden musste wie jene. Oft überlegte ich, was wichtiger sei, meine Mitarbeit im Bundesrat oder die Feldzugsteilnahme, weil wir der Ansicht waren und sind, dass in diesem Weltkriege Deutschlands gegen fast den ganzen Erdball jedermann, der den Heeresdienst erlernt hat, sich für diesen zu entscheiden hat. Sobald der Bundesrat in Friedensverhandlungen eintritt – und das wird nach aller Voraussicht sehr spät eintreten –, kehre ich in den Bundesrat zurück.

Am 23.08.1914 wurde ich nach Trier berufen, wo man einen Hauptmann beim Stabe der Etappen-Munitionsverwaltung 4. Armee brauchte. Als solcher fuhr ich mit dem Kommandeur wenige Tage darauf mittelst Autos über Luxemburg nach Libramont (Belgien). Hier sah ich die ersten düsteren Bilder des Krieges, es hatte nicht weit davon die Schlacht bei Rossignola stattgefunden, in der die Deutschen die Belgier schlugen. Viele Gefangene waren in Libramont, die Einwohner hatten die Brücke gesprengt. Unsere Pioniere arbeiteten schon an dem Wiederaufbau der Brücke. Unter den Gefangenen waren auch zwei Zivilisten, eine Frau und ein 16-jähriger Junge. Diese beiden Belgier, denen man das Verbrechertum schon ansah, hatten als wahre Bestien gehaust: Die Frau hatte mit einem Brotmesser die Brüste einer deutschen barmherzigen Schwester abgeschnitten, der Junge hatte acht mit Goldringen versehene Finger in der Tasche, welche Finger er auf dem Schlachtfelde toten oder sterbenden Soldaten abgeschnitten hatte, wenn es nicht rasch genug ging, die Ringe durch Abziehen rauben konnte. Die beiden Ungeheuer wurden standrechtlich erschossen.[31]

Von Libramont wurde ich nach Marbekan versetzt, wo ein Munitionslager sich befand, dessen Verwaltung mir übertragen wurde, und von Marbekam kam ich zu gleichem Zweck am 03.09.1914 nach Sedan. Hier gab es sehr viel zu arbeiten. Oft wurde ich von Sedan aus verschickt, einmal nach [?] (Munitions-Lager), wohin der Weg durch Bouillon führt, vorbei an dem an die Felswand angelehnten Schloss Gottfrieds von Bouillon, ein anderes Mal nach Vouziers, wo der Armee-Oberkommandeur liegt (4. Armee), dann nach Voilemont, nach Czervay en Dormois und nach Vaux. Zuletzt kam ich hierher, wo ich in dem Landhaus eines französischen Juristen wohnte, des ersten gebildeten Franzosen, den ich im Felde kennengelernt habe. Hier erreichte mich früh die Nachricht von der Geburt des kleinen [?]. Wie glücklich werden [?] und Annchen sein, wenn ich bedenke, wie froh

[31] Eucken wurde hier eindeutig Opfer der deutschen Gräuelpropaganda; vgl. zu Propaganda in Feldpostbriefen und weiteren Schriftstücken von der Front vor allem Bernd Ulrich, Die Augenzeugen. Deutsche Feldpostbriefe in Kriegs- und Nachkriegszeit 1914-1933, Berlin 1997.

schon der Großvater darüber ist, nun einen „Kriegsjungen“ zu besitzen.

Ich habe nach Potsdam geschrieben (auch meine jetzige Adresse), um öfter Nachricht zu erhalten. Aber der Postverkehr ist erheblich erschwert durch den raschen Vormarsch der Deutschen, der erst jetzt zu einem Stillstand gekommen ist; ich habe aus diesem Grund und weil meine Adresse so rasch sich änderte, viele Briefe von Euch aus der Heimat nicht erhalten, auf die in späteren Briefen Eurerseits Bezug genommen war, das lässt ich nicht ändern, die Franzosen würden sich darüber mit den oft gehörten Worten „cest la guerre“ trösten.

Mein Begleiter auf den ersten Stationsorten, die ich oben erwähnt, war ein Oberfeuermeister, der auch jetzt bei mir ist. Seine Hilfe ich mir unentbehrlich, zumal meine artilleristischen Kenntnisse erst jetzt beim Kriegsausbruche aufgefrischt worden sind. Das Militärische besorge ich, das Technische in dem Munitions-Geschäft besorgt der Oberfeuermeister. Meistens wurden wir beide gleichzeitig verschickt, oft aber auch jeder allein, mitten in ein Dorf voll von feindlicher Bevölkerung, der eigene Revolver der einzige Schutz. Und die Verschickung kommt oft plötzlich und über Nacht. So in Czervay le Dornoir, wo ich im Haus des entflohenen Patres Quartier nahm. Nach allen Anordnungen des AOK[32] nahm ich eine längere Dauer meines dortigen Kommandos an, war zunächst ganz allein dort und ließ durch die mit dem Revolver gezwungenen Zivilisten (Bauernburschen) die An-

32 Armeeoberkommando.

und Abfahrten für die Munitionsfahrzeuge herstellen. Froh, eine Waschgelegenheit zu haben, gab ich mein Taghemd der zurückgebliebenen Schwester des Geistlichen zur Wäsche und legte mich todmüde zum Schlafen. Um 12 Uhr Mitternacht ertönten laute Hupensignale durchs Dorf und der Ruf: „Hauptmann von Eucken“. Ich heraus, Auto des AOK überbringt geschlossenen Befehl, nach Durchlesen des Befehls ich ins Auto, ade Taghemd, hinaus nach Vaux und von dort über Vouziers hierher, nach Savigny sur Aisne. Gestern wurde mein Munitions-Lager hier inspiziert vom Oberst Krause, der früher das Feldartillerie-Regiment in Oldenburg kommandiert hat. Wir kennen uns schon von dort her. In übertriebener Höflichkeit nennt er mich, obgleich ich hier nur Soldat bin und sein will, immer „Herr Minister“ oder „Exzellenz“, und als er mein Lager besichtigte, wobei er frug, wo ich arbeite, da zeigte ich ihm in einer zugigen zerfallenen Scheune drei Munitionskisten, die meinen Stuhl bilden und davor 5, die mir als Tisch dienen, und antwortete ihm: „Voila mon ministere“. Er war sehr befriedigt und hat mich, wie ich anderweit erfuhr, zum Abteilungskommandeur für eine Munitionskolonnen-Abteilung des 8. Armeekorps, eines der Armeekorps der 4. Armee (Herzog Albrecht von Württemberg, den ich von London her kenne), sehr warm empfohlen.

Am Nachmittag hatte ich eine Art von Luftkampf zu bestehen. Ich ritt zwischen hier und Vouziers, um den Chausseeweg abzukürzen, über eine große Wiese, auf der die französischen Kürassiere aus

Vouziers im Frieden ihre Rennen abhalten und der jetzt als Niederlassung für eine Deutsche Feldflieger-Abteilung dient. Mitten auf der Wiese hörte ich über mir den Propeller eines Flugzeuges, das niedergehen wollte. Um ihm auszuweichen, will ich im schärfsten Galopp, aber dadurch kam ich gerade erst in seine Flugbahn, konnte aber nun nicht mehr so rasch wie ein Flieger vorwärtskommen. Ganz dicht über mir hörte ich den Piloten noch einen tüchtigen Ruck seinem Flugzeug geben, wodurch dies sich wieder erhob, weil es sonst den braven „Julius" und mich erschlagen hätte.

Bald mehr, liebes Thildchen, sei mit allen Lieben daheim herzlichst gegrüßt von Deinem Georg.[33]

Georg Eucken an seine Ehefrau Mathilde, Marne (zwischen Aisne und Marne), 12. Oktober 1914

Mein liebes Thildchen! Heute scheint sich eine große Frontveränderung bei dem französischen uns gegenüberliegenden Marne-Heer zu vollziehen; man beschießt uns zwar noch, aber nur mit Zwischenschüssen, und wir vermuten, dass es ein Scheinmanöver ist, um zu verdecken, dass man, da gestern die Nachricht von Antevergans [?] einlief, nach dem französischen linken Flügel Verstärkungen ab-

[33] Randbemerkung im Original: „Die französischen Infanteristen haben ein Instrument im Tornister, das doppelt so groß ist wie das männliche Glied und dazu bestimmt ist, in die Gebärmutter gestoßen zu werden, um alles Deutschtum für immer zu vernichten!" Auch hier ist wieder ersichtlich, wie sehr Eucken sich von der deutschen Gräuelpropaganda leiten ließ und diese zudem auch weiterverbreitete; vgl. U l r i c h , Die Augenzeugen.

schickt. Wir sind deshalb heute sorglicher als sonst, vielleicht auch in der Freude über Antevergans Eroberung durch unsere deutschen Waffen. Trotzdem habe ich heute bei aufgehender Sonne meinen Stab mobil gemacht, um keine Überraschung zu erleben. Jetzt aber habe ich den Leuten, die oft Tag und Nacht arbeiten und sehr oft draußen schlafen mussten – gleich uns Offizieren –, eine Erleichterung gewährt; sie dürfen abwechselnd austreten, sich ruhen, ihre Sachen flicken, Brief schreiben – und letzteres will auch ich tun, und dabei sollst Du zuerst und den längsten Brief erhalten, Du wirst ihn dann [?] und unseren Kindern weitergeben, weil ich nur diesen einen Brief als Brief schreiben kann; viele empfangene Briefe will ich und kann ich nur durch flüchtige Karten beantworten.

Meine Leute sind prachtvoll, das ganze Regiment – Feldartillerieregiment 44 – besteht aus Rheinländern, heute ist Sonntag, ich habe für die nicht unmittelbar Beteiligten Gottesdienst angesetzt, ohne Pfarrer, ohne Orgel, ohne Alles, und jetzt gerade ertönt der volle Männergesang „Guter Gott, wir loben Dich und preisen Deine Güte" hinein in den unaufhörlichen Kanonendonner, ein furchtbarer Gegensatz und doch ergreifend, furchtbar ergreifend. Die Leute sind zu 99% katholisch, deshalb haben sie sich ganz ohne Hilfe ihren Gottesdienst in katholischer Arte eingerichtet; ich habe bei der ersten Serie, in aller früh, an ihrem Gottesdienst teilgenommen. Es ist das erste Mal, dass ich mit den Rheinländern in nähere Beziehung trat, und der Zufall wollte, dass ihr langjähriger früherer Oberpräsident von [?]

(der jetzige Landwirtschaftsminister), der jetzt hierher zur Front kam, um seine neben uns stehenden Schanzen aufzusuchen; Schorlenn hat zur Rückfahrt kein Logie mehr, ich half ihm aus. Mein [Pferd] ist unbezahlbar, die Entfernungen in dieser Schlacht, die nun schon 2 Wochen dauert, sind so groß, dass Pferde nur mit Unterstützung der Autos genügen. Mein Befehlsbereich erstreckt sich über mehr als 60 Kilometer (Brest und [?] zusammengerechnet). Die Hauptleute und Rittmeister unter meinem Kommando sind bis auf eine Ausnahme sehr sympathische Leute, - fast alle Rheinländer, ebenso mein Adjutant.

Gleiche Stellung wie ich – also Abteilungskommandeur – haben Major von Carlshausen und Oberstleutnant Prinz Bentheim; über uns dreien steht Oberst Krause, ein famoser Mann, früher Regimentskommandeur in Oldenburg, jetzt assistiert dem Generalkommando des 8. Armeekorps. Mein Adjutant, mit dem ich alles, auch die Schlafstelle, teile, ist Oberleutnant der Reserve und im Zivil Hofbaureferent des Fürsten von Hohenzollern in Sigmaringen, von Geburt aber Rheinländer; die meisten Leute meiner Truppe stammen aus der Aachener Gegend. Man wird es später nicht glauben, aber die Beweise sind hier erbracht, in wie furchtbarer Weise Frankreich gedachte Deutschland zu vernichten, nicht nur für diese Kriegszeit, sondern für immer – durch Zerstörung jedes Nachwuchses. Im Tornister jedes dritten gefangenen Franzosen fand man große [?], dazu bestimmt, allen deutschen Frauen in Deutschland (man hat nur mit einem Krieg in Feindesland hier in toller Überhebung gedacht) die Gebärmutter zu durchstoßen. Wir können Gott nicht genug danken, dass der Krieg sich in Frankreich und Belgien, bzw. in Russland und nicht in unserem lieben eigenen Vaterland abspielt!! Ausgebrannte Dörfer und Verlassene, zerstörte Städte, Leichen ringsum verstreut, alles verpestend – das ist unsere Umgebung Tag für Tag.[34]

Auch in den Biwaks sind die Franzosen uns oft nach, jeden Tag geben einige Flieger ihre Visitenkarte ab in Gestalt von Bomben, die aber von unseren Leuten gar nicht gefürchtet, kaum beachtet werden. Nur vor einigen Tagen fiel eine Bombe ihrem Zweck gemäß, tötete 15 Pferde und 6 Mann im Zeitraum eines Augenblicks.

Zu meinem Stabe gehört auch ein sogenannter Verpflegungsoffizier. Er hat große Sorge, dass für die vielen Leute und Pferde bald Hungersnot eintreten könnte. Weit und breit sind die Kartoffelfelder abgesucht, täglich werden mehrere Rinder, Schweine, Schafe requiriert und geschlachtet, aber das wird bald ein Ende haben, weil alles zerstört sein wird. Man sagt, dass große Güterzüge aus der Heimat unterwegs sind, um die Truppen hier vorn mit den bald hier ausgehenden Lebensmitteln zu versorgen. Welche Änderungen in der Heeresleitung vorgehen, wirst Du aus den Gazetten besser wissen als wir; hier erfahren wir nichts Neues, als die ganz großen Ereignisse durch Tagesbefehle des Armee-Oberkommandos; aber ich habe gehört, dass das 8. Armeekorps seit kurzem unter den Oberbefehl [?]

---

[34] Eucken wurde hier wieder Opfer der deutschen Propaganda; vgl. Ulrich, Die Augenzeugen.

gestellt sein soll; er scheint also völlig gesund worden zu sein und sich ausgezeichnet zu machen, denn den Sächsische Minister von Hausen hat er auch schon [?] müssen. Eine Freude im Kriege gibt es zuweilen auch. In einer tiefen Verschanzung bei Abgehung der Front, wo ich meinen Vorgänger, Major von Brockdorff, sprechen musste, fand ich einen blutjungen Leutnant, der mich anredet, weil er mich erkannte, es war der Sohn des Auricher [?] Becker. Am nächsten Tage brachte ich ihm in sein Erdverließ alles, was ich an Wärmestoffen gerade [auftreiben] konnte, machte [?] dadurch und besonders weil es vom ostfriesischen Landsmann kam, sehr glücklich. Überhaupt ist die Übung von Kameradschaft eines der schönsten Momente in Kriege; und täglich gedenke ich Moltkes wahren Wortes „Der ewige Friede ist ein Traum, und nicht einmal ein schöner Traum, denn der Krieg weckt und belebt, wie kein anderes Ereignis, die edelsten Eigenschaften im Menschen, wie Vaterlandsliebe, Opfermut, Selbstverleugnung und tötet alle Selbstsucht."

Natürlich bekam ein Mann, der glänzende Waffentat begangen hatte, aber wegen seiner sonstigen Eigenschaften (er versteckt alles vor den Kameraden) nicht besonders angesehen wird, das Eiserne Kreuz; als der Oberst es ihm übrigens im Auftrage Seiner Majestät, sagte er „der höchste und schönste Orden ist das Eiserne Kreuz, aber die höchste und schönste Eigenschaft ist Kameradschaftlichkeit." Das war hart, aber gerecht. Leider gehört der Betreffende zu meinem

Kommando und ich sehe voraus, dass ich heftige Auftritte mit ihm noch im Laufe des langen Krieges haben werde.

Ein Fliegerkommando hält in unserer unmittelbaren Nähe unentbehrlich zum Aufklärungsdienst. Vorgestern hätte ein Doppeldecker mich beinahe erfasst beim Landen. Ich galoppierte zu einem quer jenseits der Fliegerstation liegenden Punkt, sah auch, wie der Flieger landen wollte, hatte aber keinen Begriff von seiner rasenden Schnelligkeit und der Weite seiner Kurven. Immer näher rückte unser Treffpunkt, und nur dadurch, dass er von neuem zu einer Erweiterung seiner Kurve ausholt, vermied er es mich totzuschlagen, mich und Julius, mein treues Pferd, das mir unbezahlbare Dienste erweist, das leistungsfähigste Pferd, das sich denken lässt. Leider kann er sich nicht an die ewige Trockenfütterung gewöhnen, sehnt sich nach dem saftigen Klee in Addenhausen zurück. Meine beiden anderen Pferde, die der [?] mir geliefert hat, nehme ich immer nur als Notbehelf und bin am besten aufgehoben, wenn ich wieder auf „Julius“ in Sattel sitze. Aber wichtiger noch sind mir das Auto und Kraftrad und die sechzehn mitgebrachten Fahrräder; wie anders muss es 1870 gewesen sein, ohne Autos, ohne Flieger, ohne Fernsprecher; jetzt kann man von einem Kriege der Autos sprechen. Natürlich gilt beim Gesetz über Schnelligkeit [?] mehr, Alles [?] ins Auto, gleichgültig wie viele dabei zu Fall kommen; wohl 30 bis 40 Autos habe ich schon in die Gräben fahren sehen. Aber dafür werden auch alle Befehle auf weite Entfernungen hinaus im Nu überbracht; ich habe einen ganz jungen

Chauffeur, aber er fährt sicher wie kein anderer. Ob ich nochmals so viel Zeit zu einem Brief haben werde!? Sei inzwischen mit Almuth und Schwester Agnes herzlichst gegrüßt von Deinem Georg.

Georg Eucken an seine Ehefrau Mathilde, vor Souain, 9. November 1914

Mein liebes Thildchen. Wenn Du die beiden voraufgegangenen „langen" Briefe aufbewahrst, so gibt das eine Art Kriegstagebuch; die anderen Schriftstellereien von mir, besonders die fast täglich Dir übersandten Feldpostkarten, kannst Du ruhig verbrennen, sie hatten und haben nur den Zweck, Dir ein Lebenszeichen zu geben, sodass es mir sehr lieb ist, wenn Du sie, nachdem sie ihren Zweck erfüllt haben, dem Feuer überlieferst. Heute also Fortsetzung der Schilderungen meiner Kriegserlebnisse; dabei will ich zunächst die Orte aufzählen, in und bei denen ich seit dem Einmarsch in Feindesland gelegen habe: Libramont, Marbatan, Palizeal, Ketan, Vouziers, Savigny sur Aisne, Voilemont, Geray en Dormais, Semide und jetzt vor Souain (letzteres selbst befindet sich zurzeit noch in den Händen der Franzosen). Über die Kriegslage selbst schreibe ich nichts, darf es auch nicht, denn trotz aller Vorsicht hat manchmal der Zufall seine Hand im Spiel und liefert den Brief in „besondere Hände"; erst kürzlich ist der Brief eines Offiziers durch eitle Verwandte veröffentlicht und dadurch unserer Heeresverwaltung geschadet worden, der Offizier ist zur Strafe „demobilisiert".

Das Kennzeichen der Millionenschlacht, in deren etwaiger Mitte wir (das 8. Armeekorps) kämpfen, ist Feldbefestigungskrieg. Alle Voraussagen kluger Leute über moderne Kriege sind über den Haufen gerannt; wenn „Sachverständige“ über den modernen Krieg sprechen, so hieß es stets, dass er bei den vernichtenden Kampfesmitteln und seiner Technik nur ganz kurz dauern würde, von einem Feldbefestigungsgkrieg, wie wir ihn tatsächlich jetzt haben, sprach niemand. Tatsächlich ist jetzt vor Belfort bis zum Ärmelkanal je eine deutsche und eine französische Armee aufmarschiert, die sich gegenüberliegen. Das Kennzeichnende ist, dass beide sich eingebuddelt haben. Unsere braven Truppen haben in das harte Erdreich Geschütze, sich selbst und die Pferde tatsächlich eingegraben, künstliche Wälder erheben sich ringsum auf dem Felde zusammengetragen von tausenden von Bäumen aus den nahen Wäldern, hier den Ausläufern der Ardennen und der Argonne. Darin haust man so gut und so schlecht wie es eben möglich ist.

Bei dem herrlichen Herbst war Alles gut zu ertragen, die Kühle und noch mehr die Feuchtigkeit aber werden bald sich empfindlich geltend machen. Jedoch unsere deutsche Heeresverwaltung sorgt famos vor, z.B. auch in gesundheitlicher Hinsicht (vorgestern wurde alle hier mit einer [?]. gegen Typhuserkrankung geimpft, sodass ich in diesem Feldzuge schon zweimal, das erste Mal gegen Schwarzbaltteransteckung, geimpft worden bin). Die Laufgräben werden mit Stroh ausstaffiert, die Leute bekommen täglich warmes Essen, bis in die vordersten Reihen hinein, durch Küchenjungen, die zwei Mal – auch öfter – zu allen herunterkommen. An einzelnen Stellen liegen die feindlichen Schützengräben nur 200 Schritt uns gegenüber. Sobald sich auf einer von beiden Seiten nur ein Kopf zeigt, erfolgt feindliches Feuer. Verkehr ist deshalb nur bei Nacht oder bei Nebel möglich und der Verkehr ist natürlich nur beim dringendsten dienstlichen Interesse erlaubt (Küchenwagen, Ablösung der Leute usw.).

Fast täglich kommen französische Überläufer zu uns, heute Nacht sogar ein französischer Leutnant, der erklärte, dass sie drüben nichts zu essen bekämen und er es deshalb nicht mehr aushalten konnte; welch ein trauriges Zeichen für den Geist in Frankreich! Wir lassen die Überläufer als Kriegsgefangenen sofort nach Deutschland abführen. Inzwischen hatte ein junger Leutnant der Brigade [?] das Glück, einen französischen Flieger, der uns durch Bomben und Pfeile, mehr noch durch Erkundung unserer Stellungen riesig schadet, herunterzuschießen; der Doppeldecker mit 2 Mann – 1 Offizier und 1 Unteroffizier – flog aus 2000 Meter Höhe herab mitten in unsere Feldbefestigungen und liegt jetzt noch zerschmettert da; einen Pfeil aus dem Flugzeug schicke ich Dir im Paket.

Dies eben erwähnte Paket hat ein erkrankter deutscher Offizier, der in die Klinik nach Bonn geschickt wird, angenommen, um es auf einer deutschen Poststation an Dich aufzugeben. Es enthält meine bisher erbeuteten Andenken aus diesem Kriege, dessen Wechselfälle noch immer unübersehbar sind. Der französische Kürassierhelm stammt aus den Kämpfen um Sedan, die Granate der französischen Artillerie ging nahe dem Stande nieder, wo Major Lanz und ich uns befanden; da sie nicht explodierte, wurde sie entladen und bildet ein gutes Andenken. In die Granate habe ich französische Infanterie-Geschosse und französische Schrapnellkugeln hineingelegt. Die Herkunft des Fliegerpfeils habe ich schon oben beschrieben.

Empfindlich für uns ist es, dass die Feldpost so unregelmäßig funktioniert. Für meine Person entschuldige ich sie etwas dadurch, dass ich so oft neue Befehle, neue Standorte, neue Feldpostämter hatte. Aber auch wenn sie besser funktionieren würde, so könnte sie uns doch nur selten Nachricht von den beiden Jungens bringen, die gleich mir im Felde stehen – von Udo darf man das ohne weiteres sagen, auch wenn er noch nicht der „Tabera“ sein sollte; meine Gedanken müssen aber so konzentriert bei dem ernsten und schweren Dienste sein, der mir anvertraut ist, dass dieser alles in mir fast beansprucht: 3000 Mann und 3200 Pferde, in großen Entfernungen liegend. Meine 5 Herren vom Stabe meiner Abteilung und ich sind deshalb fast immer unterwegs, ich am liebsten auf dem braven Pferde „Julius“, das so viele kluge Leute für unbrauchbar erklären wollten, das aber hier von jedermann bewundert wird, immer flott und immer fleißig, auf allen Märschen voran, unermüdlich (wenngleich oft [?], dabei im besten Fütterungsstande immer gleichem [?].

Aus dem ehrlosen Verhalten der französischen Überläufer kannst Du ersehen, wie gering die Zuversicht der Feinde ist. Ebenso groß ist unsere Zuversicht in den schließlichen Sieg unserer guten, gerechten Sache. Wir müssen durchhalten. Beständigkeit ist die edelste aller Eigenschaften und wer sie nicht hat, ist minderwertig. Deutschland, ganz Deutschland verlangt von dem Heer mit Recht so lange durchzuhalten, bis ein für Deutschland unbedingt sehr günstiger Friede erzwungen sein wird!

Von meinen persönlichen Einzelerlebnissen könnte ich noch viel erzählen, aber es ist selten ein Ruhetag wie der heutige, der mir wieder Gelegenheit zu einem langen Brief an Dich und durch Dich an die Lieben in der Heimat gibt. Gefreut habe ich mich neulich kolossal, als am 8. Oktober ein Oberst vom Generalkommando mir im Auftrage des Kaisers das Eiserne Kreuz überbrachte. Bitte bewahre alle Andenken an den Krieg in besonderem Schrank auf, auch die Anlage.

Getrauert habe ich mit den vielen Leidtragenden, die der ernsten Zeit das Opfer eines Vaters, Sohnes usw. haben bringen müssen, nicht nur mit den Verwandten, sondern auch mit den Angehörigen der Tausenden, die ich hier in Soldatengräber habe sinken sehen; vor jedem Soldatengrabe (das durch einen Helm kenntlich gemacht wird) wird salutiert.

Seid alle, Schwester Agnes eingeschlossen, die Ihr treu durchhaltet und die Ihr warm in dem heißgeliebten Sielhofe sitzt, gegrüßt von Deinem treuen Georg.

Georg Eucken an seine Ehefrau Mathilde,
Feuerstellung bei Somme-Py,
26. November 1914

Mein liebes Thildchen! Vorige Woche haben wir einen französischen Angriff mit großem Erfolg unsererseits zurückgeschlagen. Jetzt hören die Drummer, die 14 Stunden lang donnerten, etwas auf ihr Gebrüll in die winterliche Schneeluft und Schneelandschaft zu senden. Persönlich bin ich abgespannt, aber an Schlaf ich jetzt noch nicht zu denken; deshalb muss man jede Ruhepause benutzen ohne Rücksicht auf die jeweilige Stimmung, man weiß nie, ob und wann es wieder bald eine Schutzgelegenheit [?] gibt.

Diese Art von Kriegsführung ist so eigenartig, dass es kaum möglich ist, in einem Briefe sie anschaulich zu schildern. Auf den letzten beiden dieses Bogens habe ich für Dich je durch einen Rotstrich die Schusslinien des westlichen und des östlichen Kriegsschauplatzes dargestellt. Die Front, auf welcher sich die Deutschen den westlichen Feinden (Franzosen, Belgien, Engländern und Wilden) gegenüber liegen, ist rund 600 Kilometer lang. Auf beiden Karten habe ich die Dir (soweit ich es bisher erfuhr) nach ihrem jetzigen Standort namhaft gemacht. Im Westen ist es ein Feldstellungskrieg geworden. Die beiden feindlichen Heere liegen sich seit Wochen zähnefletschend gegenüber, beide in Erdbauten so verschanzt, dass der Gegner selbst durch Flieger nur annehmend, aber selten mit Sicherheit die Stellungen des Feindes, seine Geschütze und Maschinengewehre, ja selbst die Menschen und Pferde erkennen kann. Drahthindernisse überall. Trotzdem nichts weniger als Waffenstillstand. Mehr Einzelheiten schon während des Kampfes mitzuteilen ist verboten; das muss ich Dir später mündlich schildern.

Zu den Andenken lege bitte auch die umliegende Karte, Beselers; er ist mit Hindenburg jetzt der Erste in Bezug auf Kriegserfolge zu Gunsten Deutschlands. Außerdem habe ich noch einen französischen Palasch[35] schon in Belgien erbeutet; der ist aber erst später versendbar. Ich selbst trage stets meines Vaters Säbel wie Wilko meinen Säbel führt. Wilko schreibt mir und ich ihm oft; er ist offenbar tüchtig als Adjutant und sehr glücklich in dieser Arbeit der großen Sache nützen zu können.

Es ist der Existenzkampf Deutschlands! Nicht leichthin hatte auch ich die Entschließung gefasst, mich zur Verfügung des Kaisers zu stellen. Und nicht leichthin hatte ich die Anordnungen in Bezug auf Dich, Almuth und Sielhof gefasst. Zeit zum beraten gab es nicht, die Zeit verlangte und verlangt Taten. Wenn alles seit 01.08.1914 nochmals sich ereignen würde, so würde ich genau so handeln und verfügen, wie ich es seit Beginn des Krieges getan habe. Du wirst später (wie Gerlach [?] es freilich erst nach 5 Jahren getan hat) erst manches klar erkennen, was der tiefere Sinn meiner Anordnungen war, dann aber mir völlig zustimmen, des bin ich absolut bewusst. Und deshalb muss ich, was meine innerste Überzeugung ist, mit voller Energie

[35] Eine zu der Zeit schon antiquierte Stichwaffe, dem Säbel ähnlich, der wohl zur Paradeausrüstung eines französischen Heeresoffiziers gehört haben dürfte.

daran festhalten, dass die Anordnungen bis zum Ende des Krieges strikt befolgt werden!

Die Gräueltaten unserer Feinde erhielten in diesen Tagen eine neue Beleuchtung, die ich dem Reichskanzler berichtet habe. Der Ordonnanzoffizier meiner Abteilung, welcher für die Ernährungszufuhr zu sorgen hat (ein schweres Amt, für mehr als 3000 Menschen und ebenso viel Pferde zu sorgen) lag im Quartier bei einem einsamen Mütterchen, das allein im Hause geblieben, während alle ihre Kinder und Enkel bei Beginn des Krieges nach Südfrankreich geflohen waren; die deutschen Truppen müssen die 74jährige Frau, einfache, aber kluge und unterrichtete Frau, ernähren, wenn sie nicht verhungern soll. Diese „Dame“ (so darf man sagen) erklärte, dass ein französischer Offizier ihr gesagt habe, er wünscht als Patriot zwar den Einzug der Franzosen nach Deutschland, aber im Interesse der Humanität könne er den eben bezeichneten Wunsch nicht hegen, denn der Hass Frankreichs gegen uns sei so groß, dass die französischen Soldaten Grausamkeiten und Gräueltaten in Deutschland in solchem Umfange und von solcher Art verüben würden, wie sie unmenschlicher kaum auszudenken wären! Und wie dankbar müssen wir wohl Hindenburg dafür sein, dass er die russischen Horden nicht nach Berlin und von dort bis hierher in den Rücken des deutschen Heeres hat kommen lassen!

Patriotisch benehmen sich die französischen Frauen aller Stände; bis zur Dienstmagd herab tragen sie Trauer wegen des Unglücks, dass deutsche Truppen in ihrem Land sind, und keine Französin geht anders als mit niedergeschlagenem Blick auf der Straße! Damit vergleiche das schamlose Gebaren deutscher Frauen 1870/71 gegenüber französischer Gefangener in Deutschland.

Gestern wurde ich überrascht und gerührt durch Pakete von Annchen und von Ernst Frese (Bückeburg) mit allerlei kleinen Gaben; auch Nanny hat schon zweimal ebenso [?] dreimal mich ebenso erfreut. Zwar entbehre ich nichts, ich habe [es] am liebsten so einfach wie möglich, aber doch bin ich gerührt über solche Gesinnung.

Von Deinem schönen Apfel [?] nehme ich täglich etwas und gedenke dabei Eurer. In herzlicher Liebe. Dein Georg.

Georg Eucken an seine Ehefrau Mathilde, Orfeuil, 4. Dezember 1914

Mein liebes Thildchen. Dieser Brief soll spätestens zu Weihnachten bei Dir sein. Deshalb schreibe ich ihn schon heute – am ersten Ruhetage nach unserem Vormarsch auf Orfeuil. Es müssen viele Briefe und Feldpostkarten von Dir verloren gegangen sein, denn ich schrieb Dir schon, dass ich seit langer Zeit weder von Dir noch von Ilse oder Almuth das Geringste gehört habe. Dagegen habe ich von [?], Edel, Heinrich und Wilko regelmäßige, von Annchen auch öfters Nachricht, Gott sei Dank bisher stets gute. Besonders schließe ich den Verlust Deiner Briefe aus dem Umstand, dass ich noch völlig ohne den erbetenen genauen Bericht über Deine Reise nach Oldenburg und über eine Antwort der „kleinen Aussteuer“ für Udo – Ilses erstes, mit herzlichster Freude in [?] Zeit erwartetes Kind sowie über die von Dir weiter getroffenen Maßnahmen bezüglich des Restes des Geldes. (Ist soeben eingetroffen, Dein Brief hierüber). Wie ich Dir schon mitteilte, habe ich ein neues, schweres, sehr verantwortungsreiches Amt erhalten, neben dem beibehaltenem Amt als Abteilungskommandeur. Anstelle des Oberstleutnants Prinz von Bentheim bin ich zum Führer der Gefechtsstaffel der 15. Infanteriedivision ernannt. Am 1. des Monats bin ich deshalb mit meinem Stab (5 Offiziere; 4 Unteroffiziere, 20 Mann, 30 Pferde) nach Orfeuil versetzt worden, unmittelbar an der Feuerstellung. Den Befehl dazu habe ich als Andenken behalten und auf der Rückseite aufkleben lassen. Bisher unterstand ich nur dem Oberst Krause, der über uns 3 Abteilungskommandeure den Regimentskommandeur darstellt. Jetzt unterstehe ich daneben noch dem Divisionskommandeur. Beide sind noch bei Orfeuil, in Marne der Erste und in Somme-Py der Letztere.

Tag und Nacht sind wir hier in Alarmzustand. Vor einigen Tagen wurde ein Angriff der Franzosen, unter denen ein ganzes Regiment [?] war, hier abzuschlagen; die [?] sind sämtlich erschossen worden, sodass eine nachfolgende französische Brigade in den Wald zurückfloh. Es war Schnee. Blutrot wurde die Schneedecke, teils vom Blut der Verwundeten, teils von den roten Uniformen der gefallenen Gegner, unheimlicher Anblick auf dem leuchtenden Weiß der frischen Schneedecke.

Wir sind hier in den Ausläufern des Argonnenwaldes. Orfeuil ist eine Oase in dem schmutzigen Gebiete hier, das genau auf der Grenze zwischen Departements Marne und Ardennes liegt, es ist etwa wie [?], aber in, um und unter den wenigen Häusern liegen mehr als 1000 Mann und 1200 Pferde; es ist der nächste Ort zur Feuerstellung, für die ich jetzt zu sorgen habe in einer Ausdehnung von etwa 20 Kilometer in der Breite; der Länge nach geht meine Funktion bis zur Spitze des Armee-Oberkommandos, das ist zur Zeit [in] Vouziers. Wir sind alle voller Zuversicht; wenn es auch langsam geht, so geht es doch sicher! Wir kämpfen für ein Ideal; das tut keiner unserer Feinde.

Wir kämpfen für die Existenz unseres Vaterlandes – die Franzosen kämpfen aus Rache, die Russen aus Furcht vor einem übermächtigen Deutschland, die Engländer aus Habsucht und Neid. Deshalb sind die Franzosen unsere ritterlichsten Gegner, die Engländer aber unsere verachtetsten Gegner. Dass wir und die Franzosen auf der langen, langen Linie sich zurzeit fast gegenüberliegen, kann nur durch Vorstöße aus dem Norden (Calais) oder aus dem Süden (Belfort) geändert werden. Im Übrigen kümmere ich mich gar nicht um die Kriegslage außerhalb meines Befehlsbereiches, das Geschwätz darüber ist eben nur Geschwätz, sicheres kann nur der beurteilen, der die Gesamtlage kennt, und diese wird Niemandem mitgeteilt, bevor eine neue Kriegslage geschaffen sein wird.

Man lernt bedürfnislos zu werden, in jeder Beziehung; ja ich lege Wert darauf, meinen weichen Rheinländern zu zeigen, dass „Kraft ist die Parole des Lebens“, das gefällt ihnen zuerst nicht, imponiert ihnen aber.

Trotz der vielen Beförderungsmittel, die ich habe, bin ich doch oft in Verlegenheit, weil mein Operationsgebiet so außerordentlich groß geworden ist. Dazu kommt, dass eines meiner 2 Autos „dahin“ ist, zufolge eines Zusammenstoßes mit einem anderen Auto, mein Wagenführer ist [?] geworden und demobilisiert. Nun habe ich noch ein Auto zur Verfügung (offenes) und dabei einen sehr guten Wagenführer. Lieber jedoch reite ich, wenn die Entfernungen des Postens es zulassen.

Hier hat ein Kanonier vom Major Lang aus, ehe wir es versahen, [?], als ich eben das Feldartillerie-Regiment 59 mit Geschossen versorgte, Du siehst auch auf dem Bild die Argonnengegend in seinen Ausläufern. Darin haben sich alle Truppen – hüben wie drüben – in Erdhöhlen eingebaut. Bei Nebel, wenn doch nicht geschossen werden kann, machen unsere Mannschaften die Erdbauten so ordentlich wie möglich, mit rührender Freudigkeit; nie sah ich einen auswärtigen Soldaten. Und doch ich sah und sprach einen solchen, sogar einen Kriegsfreiwilligen, aber das war in Berlin, und er murrte darüber, dass er in Berlin wäre, er wollte gegen Frankreich kämpfen. Ich sagte ihm, dass sein Standpunkt verächtlich sei, denn er sei unausgebildet und könne in Frankreich uns noch nichts nützen, wohl aber könnte er damals (es war in der heißesten Zeit) durch sein Vorbild für tüchtiges Lernen aller Freiwilligen sorgen und durch vorbildliche Sauberkeit des [?] schwere Infektionskrankheiten von unserer Truppe fernhalten, jeder müsse auf dem Platz seine Schuldigkeit tun, wohin die Verhältnisse, durch die nur wenige Menschen hindurchsehen können, ihn berufen. Er nahm beschämt seinen Besen und kehrte den Kasernenhof rein; der Freiwillige war – ein Legationsrat.

Ich schrieb schon, dass ein Hund seit etwa 6 Wochen mir überall hin folgt, auf den längsten Ritten. Wenn ich im Auto bin, so bleibt er (sie – es ist eine Hündin) bei meinem Pferdeburschen. Diese sind musterhafte Pferdepfleger, schlafen seit Monaten nie anderswo als da, wo die Pferde stehen, mit und ohne Dach über sich. Das Pferd „Julius“ sieht deshalb tadellos gepflegt aus und erquickt stets alle Kameraden. Mein zweites Pferd, den „Schlachtenbummler“, den ich aufgesessen habe, weil ich bei Vorführungen, z.B. wenn ich mündliche Meldungen in der Front erhalten [?], weil „Julius“ zu rassig ist, er [?] sobald ihm etwas nicht passt; „Schlachtenbummler“ dagegen geht wie ein Schulpferd. Mein drittes Pferd reitet entweder mein Trompeter oder eine Ordonanz.

Wenn Du Dir ein Bild von dieser Gegend machen willst, so lies mal Schillers „Jungfrau von Orleans“ nach; ich fand das Buch hier in einer verlassenen Schule, habe es nochmals gelesen und finde, dass Schiller naturgetreu die hiesige Gegend schildert.

In [?] – soweit wir nicht bei Mutter Grün Quartier nehmen mussten ist es nie schlecht hergegangen wenn die Bewohner zu Hause geblieben waren; im Gegenteil, man muss die Leute erst durchfüttern, denn sie haben nichts, gar nichts mehr als ihre Sachen, kein Brot, kein Fleisch, kein Korn, keine Hirse, anders in verlassenen Häusern oder in Häusern, in denen nur ein Verwalter hinterlassen war; da haben unsere Soldaten sich als Herren gefühlt, und das mit Recht, denn ehe unsere Soldaten frieren, fliegt das letzte Stück Mahagonimöbel in den Kamin. Ich war mal bei einer alten Frau, deren Söhne und Enkel waren im Bunker; sie war allein tapfer geblieben; ihr geschah [?] ihren Sachen nichts, unsere Soldaten gaben ihr zu essen und zu trinken; als ich [?] musste [?], küsste sie mir die Hand, was mir unangenehm war.

Meine (diese längeren) Briefe sind natürlich für Euch Alle daheim in Ostfriesland; besonders auch für meine geliebte kleine Almuth, die mich so treu mit Briefen (das ist das schönste aus der Heimat) versorgt; wenn ich Deine lieben Briefe mein Annsel, auch noch nicht alle erhalten habe, so sehe ich doch aus den Nummern, die Du darauf schreibst, Deine gute Absicht; die letzte Nr., die ich erhielt, war Nr. 7. Omi erhält stets unverzügliche Antworten auf ihre mich ganz besonders erfreuenden Mutterbriefe und Sendungen, aber als Weihnachtsbrief bitte ich Omy diesen Brief mitanzusehen. Mittlerweile ist der 6. Dezember herangekommen. Die Weihnachtszeit ist so arbeitsreich für die Post, dass ich diesen Brief nun absenden will. Bitte, gib ihn auch Tochter Almuth zu lesen, wenn sie mag, auch sie hat mir so große Freude durch ihre Mitteilungen gemacht, dass ich ihr hierdurch danken möchte.

Lebt wohl. Ihr Lieben daheim – besonders in Sielhof, Aurich, Ochtelbur und Potsdam –, am Weihnachtsabend gedenkt Euer aller unserer Jungen und [?] – Udo, Heinrich und Wilko – ganz besonders, Dein treuer Georg.

Georg Eucken an seine Ehefrau Mathilde, vor Souain, 28. Dezember 1914

Mein liebes Thildchen! Das waren traurige Weihnachtstage, die hinter uns liegen. Zu dem unendlich tiefen Kummer, den ich persönlich gerade zu Weihnachten hatte, und den Du aus anderen Briefen kennst, sehe ich völlig ab, wenn ich den Eingangssatz schreibe; ich will vielmehr jetzt nur von dem perfiden Versuche der Franzosen mitteilen, uns alle Weihnachtsfreude zu vergällen. Am 20. des Monats etwa fingen wir einen Tagesbefehl des französischen Oberkommandierenden Joffre auf, wonach ausgerechnet für die Weihnachtstage die heftigsten Angriffe der französischen Truppen gegen uns befohlen waren. Wir waren also gut vorbereitet! Am 21. [Dezember] schon begannen die Angriffe fast auf der ganzen Linie. Das Feuer war stellenweise so stark, dass man die einzelnen Kanonen-Salven nicht mehr unterscheiden konnte: Salve folgt auf Salve. Dazwischen das Geknatter des Kleingewehrfeuers der Infanterie; es war der reinste Hexensabbat – und es dauerte fast bis jetzt, Ende des Jahres 1914 fort. Aber nicht einen Kilometer Land haben diese Angriffe den Franzosen gewonnen! Zunächst hatte die 15. Division schon am 26. des Monats so ruhig gewirkt, dass wir in der Höhle des Major Lanz (Feldartillerie) einen Weihnachtsbaum anzünden konnten, während das Feuer der 16. Division neben uns noch in vollem Gange bleiben musste und uns noch ab und zu verirrte Geschosse des Gegners herüberbrachte. Lanz und einer seiner Hauptleute sind dafür zum Eisernen Kreuz erster Klasse vorgeschlagen worden und werden es wohl erhalten; sein Regimentskommandeur kam auch in die Lanzsche [?] und zeigte ihm seine allergrößte Anerkennung.

Die Tätigkeit des Munitionsersatzes – mein Arbeitsfeld – war natürlich entsprechend im Gange, nachts und tags, zumal ich nicht nur für Feldartillerie, sondern auch für Infanterie der ganzen 15. Division und für schwere Artillerie der 15. und der 16. Division zu sorgen habe. Im Auto, zu Pferd und zu Fuß musste ich während dieser „heißen" Tage immer unterwegs sein. Zu dieser Zeit stockte aller Verkehr der Feldpost und der Pakete, sodass wir zu Weihnachten keinerlei Sendungen erhielten – abgesehen von solchen, die noch vor der Weihnachtszeit abgesandt waren. Im Jahr 1870 haben die Franzosen es gerade so gemacht; sie, die ein Weihnachtsfest in unserem Sinne nicht kennen, dachten, der „Deutsche Michel" hängt so mit allen [?] an seinem „kindlichen Weihnachtsfest", dass wir dann am besten ihn überrumpeln. Und in der Tat, die Deutschen begehen ihr Weihnachtsfest wo es auch sei! In Quartieren, in Erdhöhlen, in dem Schützengraben und selbst auf dem Marsche – es waren zufolge des von uns aufgefundenen französischen Angriffsbefehls natürlich hunderttausende von deutschen Soldaten gerade zu Weihnachten auf Märschen – hatten die Leute ihr [?] die marschierenden Leute oft ganz kleine Bäumchen oben in Gewehrlauf. Und an Tannen fehlt es hier nicht, wir stehen ja tief in Wäldern; ein großer Teil davon ist [?] der Misny Pommery, deren Sekt aus Reims kommt und leider auch in Deutschland getrunken wird.

Während General Joffre mit so [?] Worten, wie Du wohl in Zeitungen gelesen haben wirst, die [?] macht er jetzt einen umso kläglicheren Eindruck, die Berge von Franzosen-Leichen zu sehen, die das schneebedeckte Feld vor uns blutrot erscheinen lassen; einmal hat in unserem Reiche ein solcher Berg von toten Franzosen unserer vorüberziehenden Infanterie als Schutz gedient, hinter den sie sich legten, um gedeckt zu schießen, ein andermal hoben 2 anrückende französische Kompanien die Hände hoch, warfen die Gewehre fort, riefen „Pardon“ und wurden gefangengenommen.

Persönlich erfuhr ich von dieser Entdeckung des französischen Planes zuerst beim General von Einem, dem Oberbefehlshaber der 3. Armee, zu der ich gehöre. Er hatte mich eingeladen, teilte mir aber mit, was soeben telegraphisch ihm gemeldet war, worauf ich sofort zur Front zurückeilte. Dir lässt er viele herzliche Empfehlungen sagen; seine Frau habe einen sehr, sehr schweren Autounfall gehabt, bessere aber allmählich in Münster oder Berlin wieder. Bei ihr war noch Prinz Oscar von Preußen.

Sehr merkwürdig war bei diesen Kämpfen das völlige Fehlen von Kavallerie. Für diese hat der Krieg, wie er sich jetzt in Frankreich entwickelt hat, überhaupt keinen Raum mehr. Aufklärung des Geländes ist überflüssig, weil wir genau wissen, wo die Franzosen – seit kurzem nur 100 Meter vor uns – liegen; Attacken zu Pferde sind unmöglich, weil sowohl vor unserer wie vor der französischen Front lange, dichte Hecken von Stacheldraht gebildet worden sind; im Übrigen besorgen die Flieger sehr viel von dem, was sonst die Kavallerie zu tun hatte, [?] die Autos und das Telefon, die Flieger besonders bringen oft tadellose Photographien des Geländes mit, aus denen die französischen Stellungen ersichtlich sind.

Mit der Säuberung des rückwärts liegenden Gebietes von Spionen, Marodeuren und (Gott sei Dank sehr selten vorkommende) Drückebergern sind die Kavalleristen zurzeit hier verwendbar.

Unzweifelhaft die Pioniere und die schwere Artillerie; diese beiden Truppenteile sind in diesem Stadium des Krieges die wirkungsvollsten. Die Pioniere bauen die Verhaue, die Höhlen, die Geschützstellungen; die schwere Artillerie schießt über all unsere Truppen hinweg in hohem Bogen ihre Geschosse in die Stellungen der Franzosen, besonders wirksam mit einem Geschosse, das 6 m tief in die Erde dringt und dann explodiert, also die Erdhöhlen, in denen die Gegner jetzt leben, mit Mann und Maus vernichtet.

In all dem Getriebe hielt ich mit den mir unterstellten Offizieren und Mannschaften am Weihnachtsabend Feldgottesdienst und sprach zum Schlusse selbst folgendes: „Aus der tiefsten Tiefe des Herzens rufen wir Deutschen zu Dir Herr, der Du allein der Lenker aller Schlachten, der Du allein Gott und in Deinem eingeborenen Sohne Mensch und unser Heiland bist, gib Du unserer gerechten Sache den Sieg. Lass Du uns Deutsche, die wir in dieser schweren Zeit mehr als je uns als eine einzige große Familie fühlen, jetzt Weihnachten begehen in der felsenfesten Zuversicht, dass unser deutsches Vaterland die Ströme von Blut nicht vergeblich vergossen hat, sondern dass wir einen vollen Sieg über die Schar unserer Feinde und Neider davontragen, und dass wir dadurch unter dem Schutze eines guten Friedens leben, und dass wir immer Dir dienen werden. Das walte Du unser Vater der Du bist im Himmel, Dein Name werde geheiligt, Dein Reich komme, Dein Wille geschehe auf Erden wie im Himmel, unser tägliches Brot gib uns heute und vergib uns unsere Schuld wie wir vergeben unseren Schuldigern, und führe und nicht in Versuchung, sondern erlöse uns von dem Übel, denn Dein ist das Reich und die Kraft und die Herrlichkeit. Amen.“

In hunderten von Augen der teils jungen Kriegsfreiwilligen, teils älteren Wehr-männer sah ich Tränen, nicht der Zagheit, sondern der Entschlossenheit im Gedenken an die Heimat! Diese hatte ich an und unter mir, und zwar in Gestalt des Säbels meines Vaters und des [?] Pferdes „Julius“ aus Sielhof. Jetzt ist es mir nicht mehr möglich, weiterzuschreiben, ich bin zum Sterben müde und will mich auf mein Lager legen, hoffend dass der eintretende Frost es verhindert, dass durch das leichte Dach über mir wieder der Regen mir auf den Kopf träufelt – gute Nacht!

Georg Eucken an seine Ehefrau Mathilde, ohne Ort, 29. Dezember 1914

Anny und unsere Kinder bekommen wohl diese Briefe auch zu lesen, ebenso [?], die [?] mich mit Nachrichten und Gaben aller Art versehen. Heute will ich Dir mal von meinen drei Pferden erzählen, von 4, wenn ich das Pferd meines stets mir folgenden Trompeters dazu rechne. Also: oben bei jedermann, der das Pferd gesehen und besonders in Aktion gesehen hat, steht „Julius", derselbe Wallach, der in Ostfriesland und so viele, viele Kilometer in alle Gangarten gesehen und [?] hat, derselbe „Julius", dessen unbedingte Abschaffung [?] im Juli 1914 verlangt! Meine beiden andere Pferde heißen „Almuth" und „Schlachtenbummler"; Pferd „Almuth" ist eine pflichttreue, stets zum Satteln bereite Stute, die überall verwendbar ist, nicht scheu, sondern offenen Auges allen Gefahren entgegen reitet und mir nur Freude, aber niemals bewusst Kummer verursacht; „Schlachtenbummler" ist das vor etwa 2 ½ Monaten von mir aufgegriffene Pferd, das harmlos [?] sich nach den Gefechten zwischen der Aisne und der Marne schon 8 Tage lang, bevor es sich fangen ließ, herumgetrieben hat (was ich nach dem miserablen Gesundheits- und

Fütterungszustand des Pferdes annahm), faul ist, aber eine Riesenkraft besitzt und vorzüglich zugeritten ist, weshalb ich es bei Besichtigungen durch höhere Vorgesetzte, oder bei Besichtigungen, die ich selbst über meine Truppe halte, reite (bei solchen Gelegenheiten ist „Julius" viel zu feurig, mit dem kommt kein anderer Gaul mit!).

Und nun mein Dampf-, nein mein Benzin-Ross! Dass uns meine beiden Autos angefahren und gebrauchsunfähig und dass der Wagenführer gehirnkrank in die Heimat geschickt wurde, habe ich Dir schon früher geschrieben. Da ich vorn neben dem Wagenführer saß, musste ich als Zeuge leider gegen ihn aussagen, dass er an der Wegkreuzung, wo das Unglück geschah (in Somme-Py) vergessen hatte, das Signal zu geben, aber auch, dass das andere Auto den gleichen Fehler begangen hatte. Bestraft worden ist deshalb keiner der beiden Wagenführer, aber der meinige ist umso härter durch die eingetretene Gehirnkrämpfe getroffen. Jetzt habe ich also nur noch ein (kleines) Auto, aber auch dies laufe ich Gefahr bald zu verlieren, denn es ist nicht Eigentum der Heeresverwaltung, sondern Eigentum meines Veterinär-Offiziers, der in der Gefahr des häuslichen Vermögensverfalls (er ist Kriegsfreiwilliger und hat dadurch seine Praxis verloren) um Urlaub gebeten hat und falls er ihn bekommt, mit seinem Auto in die Heimat reisen wird, von wo es keine Rückkehr (für das Auto) hierher gibt. Alsdann bin ich ausschließlich auf die 3 Pferde (und das Trompeterpferd) angewiesen, habe jedoch zur Unterstützung von [?] noch

9 Fahrräder und ein Kraftrad zur Verfügung, selbstredend mit der entsprechenden Anzahl von Radfahrern.

Nun leb wohl, liebes Thildchen und sei mit allen denen Du diesen Brief zu lesen geben wirst, besonders aber mit Deinen Hausgenossen Ilse, Almuth und Schwester Agnes, aufs herzlichste gegrüßt von Deinem treuen Georg.

Georg Eucken an seine Ehefrau Mathilde, St. Etienne, 10. Januar 1915

Mein liebes Thildchen! Du brauchst jetzt auch diesen größeren Brief von mir Niemandem zu schicken, denn Neues an interessanten Tatsachen scheint der Krieg nicht mehr zu bringen, und was über die Erzählung von Tatsachen hinaus geht, das schreibe ich lieber Dir allein. Ob und wieviel Du davon an Deine Hausgenossin [?] zeigen willst, überlasse ich Dir, ebenso von Ilse dorthin. Zunächst bitte ich Dich, „an das Landesamt in Wittmund in meinem besonderen Auftrage zu schreiben, dass ich bäte, meine Einschätzung zur Einkommenssteuer genauso wie 1914 zu machen und von einer neuen Steuererklärung meinerseits abzusehen, weil ich dazu doch nicht im Stande wäre. Alle Beziehungen zum Grundbesitz (und nur über diese verfügt das Landesamt in Wittmund) wäre unverändert geblieben bis auf die Höhe der Amortisation bei der Landeskreditanstalt in Hannover, und diese Summe [bäte] ich sich unmittelbar von der Landeskreditanstalt angeben zu lassen. Dagegen hätten die Kosten der Sielhofsverwaltung erheblich zugenommen, sodass eher ein geringerer als ein höherer Gesamtbetrag sich ergäbe. Zu einer Steuererklärung fehlten mir hier im Felde alle Unterlagen, und da die Wohnung in Berlin unbewohnt und verschlossen sei, so könnte ich auch nicht aus Berlin mir die Unterlagen verschaffen." Das in Anführungszeichen Geschriebene kannst Du wörtlich – aber in direkter und nicht in indirekter Rede – in Deinen Brief an das Landesamt aufnehmen. Die Antwort oder die späterer Steuereinschätzung selbst schickst Du mir dann wohl im Feldpostbrief.

Heute ist Sonntag, und es scheint, als ob wir mal einen freien Tag haben sollten. Wenigstens hat der Kanonendonner auf beiden Seiten aufgehört, nur nervöses Gewehrknattern hört man zurzeit; das ist nicht gemeint das Wort „nervös", denn die Vorposten werden allmählich so unruhig, dass sie, wenn im Walde irgendwas knistert, sofort und blindlings losschießen, besonders die französischen Vorposten. Und dadurch – während sie sich selbst durch das oder die Schüsse beruhigen wollen – beunruhigen sie die ganze Linie, denn sofort wird auf der anderen Seite der oder die Schüsse erwidert, und die Kanonade beginnt wieder. Das ist die psychologische Seite bei der jetzigen Kriegsführung, die an sich ja uninteressant ist, aber das seelische Moment mehr, als es auf den ersten Blick erscheinen mag, hervortreten lässt. So auch im Zusammenliegen der vielen Truppen; davon hat Hannibal schon gesagt, dass das Festliegen der Heere eine große Gefahr für diese sei. Ein so großer Körper wie ein Millionenheer bedarf der steten angestrengten Arbeit. Wenn aber die Bewegung von Ort zu Ort fehlt, so ist oft nicht hinreichende körperliche Arbeit für den gemeinen Mann vorhanden.

Wir, d. h. meine Truppe, leiden ihrer Natur nach weniger unter diese Sache, denn wir müssen stets, auch beim Feldstellungskrieg, die Munition von weit her heranschaffen, jetzt etwa von 20 Kilometer weit her. Aber viele lassen jetzt, sobald ein Ruhetag eintritt, die Soldaten in die Bauernscheunen gehen, um dort Hafer dreschen oder dergleichen, was wieder unseren Pferden nützt, hauptsächlich aber um die Leute nicht unruhig werden zu lassen. Überhaupt ist dieser psychologische Moment ein starker Faktor bei jeder Arbeit im Felde, auch z.B. bei der gemeinsamen Arbeit der Offiziere. Da zeigt sich recht die Wahrheit des Wortes, dass man mit Dummen eher fertig werden kann als mit Taktlosen. Und es bedarf einer großen Menge von Takt, um durchzukommen. Z.B. hier, wo ich als fast einziger Evangelischer unter tausenden von Katholiken bin, und ich als Norddeutscher unter so ganz anders gearteten Stämmen (es sind hier etwa 3000 Rheinländer und 2000 Bayern, letztere aber nur unter meinem Ortsbefehl, nicht unter meiner Kolonnen-Abteilung) mich befinde. Mit den Mannschaften verstehe ich mich oft sehr rasch, der kleine Mann hat das allerfeinste, innerliche Gefühl dafür, ob man ihn versteht, und nicht immer findet man das Gleiche bei den höhergestellten, die oft, sehr oft nicht die für ihre Stellung nötige [?] Erfahrung mitbringen; das ist dann eine grauliche Lage – für alle Teile. Aber der Krieg ist ja dazu da, die Tugenden, die der lange Friede oft zerstörte, im eigenen Volke wieder zu entwickeln, und so kommen auch bei uns – trotz aller Verschiedenartigkeiten – nie Differenzen auf; die Kameradschaft überwindet die Schwierigkeiten, und ich habe noch nie jemanden bestrafen brauchen, obgleich zu meinem Befehlsbereiche oft 15 Kolonnen (Artillerie- und Infanterie-Munitionskolonnen) gehören.

Vom Großherzog hatte ich auch eine Depesche, die [ich] Dir übersandte, wird also speziell für Dich und Almuth bestimmt sein, sodass Du ihm dafür wohl ein Dankschreiben nach Oldenburg schicken könntest. Den nachstehenden Befehl habe ich hier aufgeklebt, weil er Dir [?] einen wieder eine mir gestellte Arbeit erklärt. Zu meinem Stellvertreter hier (da ich täglich zur Front oder zu den Munitionsersatzstellen reiten muss) habe ich absichtlich einen bayrischen Offizier ernannt, sodass das gute Einvernehmen zwischen Posten und Lager hier hergestellt ist, Leutnant Gärtner heißt der Bayer.

3.1.1915, Fernspruch von Sommedy an Führer der Gefechtsstaffel der 15. Infanteriedivision Major von Eucken, St. Etienne.

Die Geschäfte des Ortskommandanten in St. Etienne übernimmt Major von Eucken. Scharfe Überwachung der Einwohner erforderlich. Näheres folgt. 15. Infanteriedivision. Kenntnis genommen, Gärtner.

Die Anlage bitte ich zu der Andenkensammlung zu nehmen; es ist ein Neujahrsgruß meines früheren, von hier nach der Armee im Oberelsass versetzten Pferdeburschen, der in seiner treuen und witzigen Art mich durch seinen Glückwunsch ganz besonders erfreut hat.

Aus dem anderen Zettel siehst Du, was ich gerne haben möchte, um die üblichen Winterkatarre (die mich schon einmal 8 Tage dienstunfähig machten) endlich wieder ganz loszuwerden.

Wie denkt Ihr denn über die Friedensaussichten? Wir erfahren hier ja gar Nichts als unseren Dienst, und die wenigen Zeitungen, die hier zu Einigen – mit zehntägiger Verspätung – ankamen, bringen selten etwas Glaubhaftes. Ich persönlich kann mir gar keine Vorstellung von einem baldigen Frieden machen, so erwünscht er ist; denn bevor wir, das kleine Deutschland, drei Großmächte zum Frieden, für uns günstigen Frieden, zwingen, muss unendlich viel Arbeit im Feld geleistet werden! Man bedenkt zu wenig, dass wir durch den Krieg nach drei Fronten zu einer furchtbaren Zersplitterung unserer Kräfte gezwungen worden sind; ja, wenn wir hier in Frankreich unser gesamtes Heer hätten, dann läge die Sache anders! Und einen vollen Sieg wünscht das Heer, keinen faulen Frieden, und dieser Wunsch trifft das Richtige, das für die Zukunft Deutschlands allein Richtige; nach einem faulen Frieden würden wir in 3 bis 4 Jahren einen neuen, noch viel schrecklicheren Krieg haben![36]

---

[36] Hier lassen sich – deutlich wie an keiner anderen Stelle in den Kriegsbriefen – Zweifel Euckens an der eigenen Propaganda und am Kriegsausgang ausmachen.

Nun lebe wohl, liebes Thildchen, es war mir eine Freude Dir diesen Sonntagmorgen habe widmen zu können. Herzlichste Grüße Dir und Almuth! Dein treuer Georg.

Georg Eucken an seine Ehefrau Mathilde, Cauroy, 6. Februar 1915

Mein liebes Thildchen! Soeben erhalte ich das anliegende Verzeichnis der im Felde stehenden Mitglieder des Korps Borussia, meiner Korpsbrüder; von ihnen ist einer bei meiner Truppe, ein junger Kerl (Nr. 70), jetzt in der Feuerstellung tätig, ein anderer nahe bei meiner, der 15. Division, beschäftigt, nämlich in der 16. Division (Nr. 78) und ein dritter bei den westlich von uns liegenden Sachsen tätig beim 12. Reserve-Korps (Nr. 45). Man sieht sich nicht, weil kein Verkehr von Truppe zu Truppe möglich ist, aber für den jungen Korpsbruder bei meiner eigenen Truppe sorge ich, wo ich kann; bei seinem Anblick muss ich immer unseres lieben Wilkos gedenken.

Seit kurzem ist Lauroy [?] das Stabsquartier; ich bin selten darin, weil hier nur der Stab und ein ganz kleiner Teil der mir unterstellten Leute und Pferde liegen können, ich hab die Ortschaften St. Etienne, Lauroy, Machault und Contreure für Leute und Pferde, dazu Vouziers und Somme-Py für Munitions-Empfang und Tature Baraque und Feuerstellung vor Souain für Munitionsabgabe; das macht eine Entfernung untereinander von 28 Kilometern auf völlig ausgefahrenen und durch den Frost und durch die vielen tausende von Lastautos grundlos gewordenen Wegen. Und doch ist alles hier voller Zuversicht! Wir hatten in diesem Monat schon heftige Angriffe zu bestehen und haben uns nicht nur tüchtig gewehrt, sondern auch erfolgreiche Gegenangriffe unternommen, z.B. die viel umstrittene Höhe vor Perttes erobert. Im Ganzen ist es aber kein für die Haltung der Truppe erfreulicher Krieg, dieser Stellungs- oder Feldbefestigungskrieg; zu ihm gehört ein ungeheuer großes [?] von Geduld und von Nerven. Der eine Gedanke „Vernichtung des Gegners“ beherrscht beide Teile auf der langen, langen Front, auf dem sich hier im Westen die Millionenheere gegenüberliegen, und zur Ausführung dieses einen Gedankens können nur wenige und immer die gleichen Truppen mitwirken, Kavallerie gar nicht, Kanonenschüsse mit ebener Flugbahn nur wenig, Infanterieschüsse noch weniger; es bleiben am wirksamsten die Pioniere, die Feldhaubitzen und das Bajonett!

Zum „Bajonett“: Ein französischer Trupp verließ täglich seine Deckung, um gegen uns zu stürmen. Der Franzose ist kein forscher Angreifer (viel besser in der Verteidigung), das wussten die hinter [?] benutzten jede Gelegenheit, zu [?]. So wenigstens, wenn ich politischen Geschwätz, weil, wie ich schon oft sage, dabei nichts herumkommen kann, zumal wir ohne zuverlässige Grundlage sind in unseren von der Heimat abgeschotteten Gefilden hier.

Zum Geburtstag der Prinzessin Eitel Friedrich erschien morgens früh das Auto des Prinzen der in Aure (18 Kilometer von hier) stand (er ist jetzt nach Flandern versetzt) und lud mich ein, wenn ich Urlaub bekommen könnte. Das war erst nach Dunkelwerden möglich.

Eitel Friedrich hatte auch den Erbgroßherzog von Oldenburg, der etwa 45 Kilometer von hier entfernt war, eingeladen und von ihm Zusage erhalten. Es muss aber wohl ein Autounfall passiert sein, denn abends war ich allein bei Eitel Friedrich. Er war nicht besser einquartiert als andere Offiziere; nur sein Bett war besser und seine Bedienung reichlich. Ich blieb eine Stunde bei ihm und unterdessen fand ein Telefongespräch mit Oldenburg und seiner Frau statt. Als ich nach St. Etienne zurückkam, traf der Befehl zum Marsche nach Machault und Lauroy ein, aber ich war froh, dass inzwischen nichts versäumt worden war.

Eine „Liebesgabe“ eigener Art schickte Herr von Dreyse uns, nämlich ein Jagdgewehr und Patronen. Ich jage aber während des Krieges nicht, dagegen ist es sehr erwünscht, dass unsere Truppe den Wildreichtum Frankreichs ausnutze und deshalb will ich ermitteln, ob ein zuverlässiger Jäger bei den Kolonnen ist, der soll meinen Leuten Wild schießen. Mir geht es gegen den Strich, dass man in der Schonzeit Wild schießt, aber im Kriege schont man ja nicht einmal Menschen. Ebenso ist es mit Sachen: Kommt da tatsächlich der Maire von einem Ort zu uns und beklagt sich, dass Soldaten alte Möbelstücke verheizten. Ich erwiderte ihm, dass ich das bedaure um seinetwillen, aber die armen Kerls frieren, und ehe ein deutscher Soldat in diesem von uns nicht geschuldetem Kriege friert, sei es besser, dass sämtliche Mahagonimöbel Frankreichs zur Erwärmung der deutschen Soldaten benutzt würden, falls es kein anderes Brennholz uns beschafft würde. Seitdem fällen die Einwohner fleißig Brennholz für meine Soldaten!

Sei innigst gegrüßt, mein Herz von Deinem treuen Georg.

Georg Eucken an seine Ehefrau Mathilde, vor Ypern, 1. Juli 1916

Meine geliebte Thilde! Heute beginnt der 24. Monat des Weltkrieges und auch der 24. Monat meiner Kriegsteilnahme. Gott gebe uns bald den endgültigen Sieg! Du hast schon erfahren, dass wir schwere, ernste Kämpfe hier hatten und noch haben. Ein Teil meiner Truppe ist mit Gasmasken ausgerüstet worden und wohnt in Erdhöhlen, weil die Dörfer hier stellenweise völlig vom Erdboden verschwunden sind. Hier haben die heißen Vormarsch-Gefechte stattgefunden, die von dem Hauptort Ypern ihren Namen erhalten. Wir sind hier jetzt zumeist Württemberger und Schlesier und Rheinländer; meine Leute sind fast ausschließlich Schlesier. Persönlich habe ich mir noch keine Gasmaske zugelegt, will aber von jetzt ab lieber nur im Auto nach vorn kommen, ich habe ja das große, mir ausdrücklich zugeteilte Divisions-Auto als mein Dienstfahrzeug erhalten.

Neulich, als ich zu Pferd vorn war, fand bei [?] ein englischer Gasangriff statt, sodass die Chlorgase bis tief in unser besetztes [Gebiet] geworfen werden konnten. Die Chlorgase sind oft oder meistens gefährlicher als feindliche Geschosse. Im Auto kann man aber, da die Gaswolke sichtbar ist, ihr rasch seitwärts ausweichen.[37]

[37] Der erste deutsche Angriff mit Chlorgas (in einer Mischung mit Phosgen) im vom Eucken beschriebenen Gebiet um Ypern war am 22.04.1915 erfolgt; die britischen und wohl auch die fran-

Vom Kampf abgesehen ist es ein herrliches Land, dies belgische Flandern, in hoher landwirtschaftlicher Kultur, dicht bevölkert, die Menschen germanischer Abstammung. Mit meinem friesischen Plattdeutsch kann ich mich den Vlamen fast immer verständlich machen. Das Volk spricht nicht Französisch, versteht es überhaupt nicht; als wir aus Nordfrankreich hierherkamen und nach den amtlichen Aufschriften die Ortsvorsteher zuerst noch französisch ansprachen, erhielten wir wiederholt die Antwort: „Kann nicht verstehen". Dagegen sprachen viele Leute hier deutsch, oft liest man vor Läden: „Hier wird deutsch gesprochen."

Etwas Dir persönlich wohl Unbekanntes ist der Flachsbau, der hier im Großen betrieben wird. Augenblicklich stehen die mit Flachs – dem künftigen Leinen – bestellten Felder, soweit der Krieg eine Feldbestellung zulässt, in voller Blüte; es ist eine blaue Blume, diese Flachsblume, die in tausendfacher Anzahl die weiten hellgrünen Flachsfelder überstrahlt. Ich lege für Dich einige getrocknete Flachsblüten bei. Ebenso lege ich einige Kriegsandenken bei, die Du wohl demnächst zu der Sammlung von Kriegserinnerungen legst.

Mehrere Anzeichen habe ich dafür, dass der Großherzog mich wohl bald für Berlin ernstlich bei der Militärbehörde anfordern wird. Zwar würde er selbst und sich nur diesen [?] den Krieg nicht bis zum Ende draußen mitzumachen, [?] nicht antun, aber der Oldenburgische

zösischen Streitkräfte nutzten ab Sommer 1916 auch Chlorgas. Federführend auf deutscher Seite war neben dem späteren Chemienobelpreisträger Otto Hahn vor allem Oberst Max Bauer; vgl. Heiko Suhr, Oberst Max Bauer, in: Lukas Grawe (Hrsg.), Die militärische Elite des Kaiserreichs, Darmstadt 2020, S. 17–28.

Landtag knurrt, und jetzt schon zum zweiten Mal, darüber, dass ich nicht in Berlin bin. Nach meiner Ansicht kann ich zurzeit hier mehr leisten als im Bundesrat. Jedoch wie Gott will. Reklamation schon erfolgt. Anlage!

Meinen guten Kasseler Kriegskameraden [?] Pfeil hat Seine Majestät aus anderen Gründen abgerufen. Er war zum Kommandanten General [?], sollte aber kein Korps erhalten, sondern als Chef einer anderen Formation Verwendung finden. Vor seiner Abreise lud Pfeil mich – und rührender Weise auch den Gefreiten Franz – in sein Divisionsstabsquartier ein, wo ich einige nette Stunden mit ihm, seinem Stabe und Franz zubrachte. Das Armee-Oberkommando hat Pfeil sehr ungern verloren, wie es in einem besonderen Tagesbefehl der Armee bekannt machte.

Ein anderer Armeebefehl (ich stehe hier bei der 4ten Armee, bei der ich im Anfange des Krieges schon einmal gestanden habe) betrifft unsere Kämpfe des letzten Monats. Ich füge den Armeebefehl als Anlage bei und Du siehst daraus, wenn eine Kriegskarte Dir zur Hand ist, wo wir (die 117. Infanteriedivision) zurzeit sind. Die Unterschrift ist die des künftigen Königs zu Württemberg. Der jetzige (evangelische) König hat keinen Sohn; der Herzog Albrecht wird deshalb sein Nachfolger werden. Er war sein Nachkomme [?]. Leider sind diese katholisch, sodass damit des Württembergische Königshaus aufhören wird evangelisch zu sein. Im Königreich Sachsen ist leider derselbe Zustand vorhanden, wodurch das Volk, welches durchaus evangelisch ist, ein katholisches Königshaus hat.

Schlusswort des Herausgebers: Dies ist der letzte überlieferte Kriegsbrief von Georg Eucken. Vier Wochen nach diesem letzten Brief – zum 1. August 1916 – stand er wieder im Zivilberuf. Die Kriegsbriefe sind somit vollständig ediert.

Impressum:

Erlebnisse und Erfahrungen

von Georg von Eucken-Addenhausen

Herausgeber: Heiko Suhr

Satz: Hans-Jürgen Sträter, Adlerstein Verlag

Bildnachweis Cover: Sielhof mit Garten, Landschaftsbibliothek Aurich, Bildarchiv, 307 06.

Ausgabe vom 15. August 2022

Herstellung und Verlag: BoD – Books on Demand, Norderstedt

ISBN: 9783756258369